2023年
入試直前
特別号

# 中学受験 合格をつかみとる!

入試本番まであと３カ月となりました。ここからは、これまでの頑張りの総仕上げをする時。家族が支え合い、合格へのラストスパートをかける時です。先輩受験生親子の経験を参考に、万全の状態で入試本番に臨む準備を、一緒に進めていきましょう。

イラスト★サタケシュンスケ

先輩保護者
アンケート

## Q 入試直前、保護者のサポートで特に重要なことは？（複数回答）

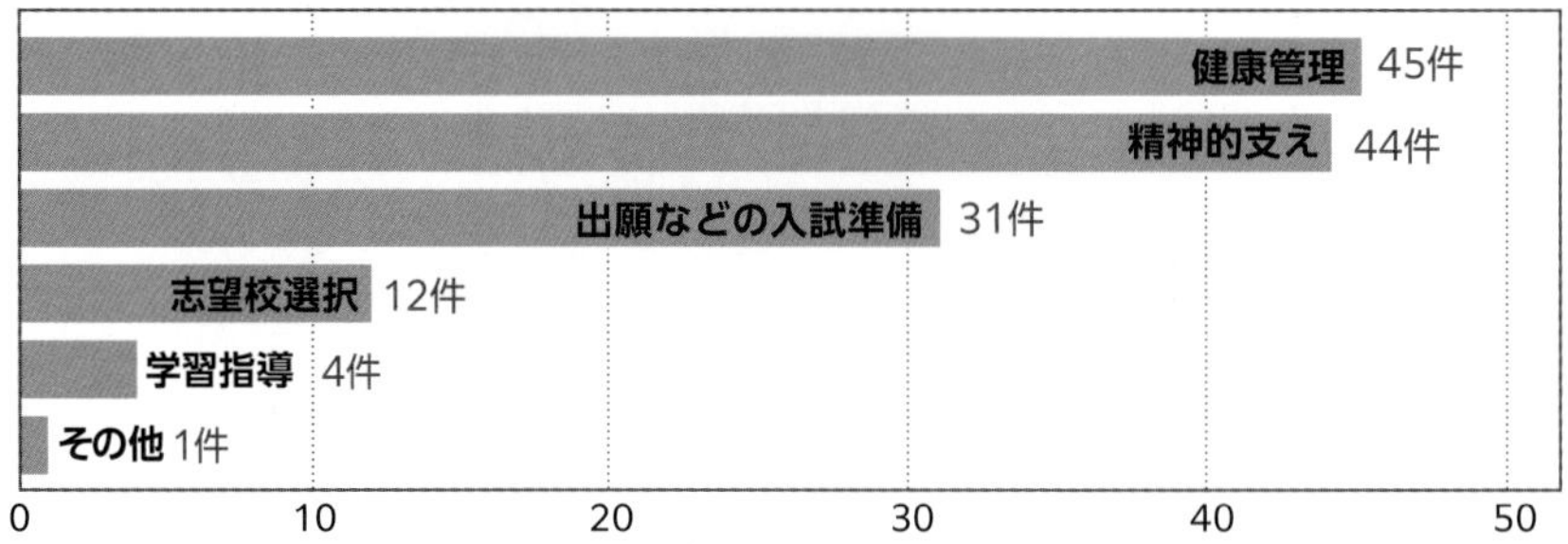
健康管理 45件
精神的支え 44件
出願などの入試準備 31件
志望校選択 12件
学習指導 4件
その他 1件
0
10
20
30
40
50

私たちも
応援します！
先輩受験生
ウサギ家族
中学校
楽しいよ！
母
父
子

# 受験生の頑張り

# 先輩家族に教わる極意

# 保護者のサポート

合格すりゅう!!
子

# 上昇気流を巻き起こそう

**現役受験生**
**タツ家族**

健康をサポート！
スケジュール管理をサポート！
母
父

## 合格に必要なのは学力＋保護者のサポート力！

志望校に合格するためには、受験生の学力はもちろん大切。でも、それに加えて保護者のサポートもかなり重要です。特に入試直前は、ベストな状態で子どもを試験会場に送り出せるよう、健康管理やメンタルケア、出願などの入試準備、安全校を含めた併願パターンの作成など、保護者のサポート&ケアは不可欠です。

入試期間中も、合否によって新たに出願を追加する、合格校の延納届けを出すなど、柔軟な対応が保護者には求められます。

中学受験は家族の受験と言われます。「受験生だけ」「保護者だけ」が頑張ってもいい結果は得られません。入試を受け終えるその瞬間まで、子どもの力は伸びます。その伸びを最大限発揮させられるよう、保護者は受験生を上手にサポートしてあげてください。

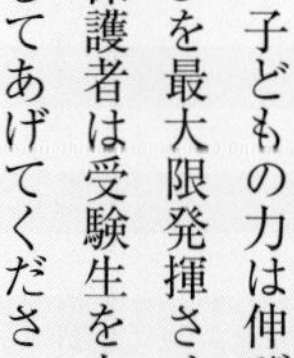
先輩保護者アンケート

本誌の各所に出てくる先輩保護者アンケート集計は、2023年２月に中学受験を終えた先輩保護者の回答によるものです。有効回答数は70件。

※コメントの末尾の学校名は進学先です。共学のみ、子どもの性別を記載。コメントの内容は、併願校に関する場合もあります。

★コメントの内容は2023年１～２月に実施された中学入試についてのものです。2024年入試では、社会情勢などにより変更が生じていることがあります。

先輩保護者アンケート

# Q 中学受験で1番大切なことは？

◆コツコツやる。（●浅野）

◆安定した精神。（●栄光学園）

◆家族が仲良く過ごすこと。（●海城）

◆早めに準備すること。（●開成）

◆笑顔でいること。苦しいこと、辛いこともいっぱいあるが、親もなるべく怒らず、いっぱい話し合う。（●鎌倉学園）

◆最後の最後まで信じてがんばること。毎日コツコツ基本的なことを積み重ねること。（●駒場東邦）

◆子どもを信じる、周囲に流されない。（●駒場東邦）

◆受験生本人が志望校に入りたいと強く思う気持ちを最後まで持ち続けることと、それを周りがサポートしてあげることが大切だと思いました。（●サレジオ学院）

◆直前期に一家でコロナに…。どうなることかと思ったけれど、最終的に〝元気で楽しく生きること〟が大事と考えた。子どもは思っているよりも追いつめられる。我が家は脱毛症になり、プレッシャーやストレスが身体にあたえる影響を強く感じた。（●城北）

◆親も受験を一緒に楽しむこと。第1志望をあきらめないこと。（●巣鴨）

◆本人ががんばって、それを自分で実感できること。（●逗子開成）

◆親子のコミュニケーション、家族の協力。（●跡見学園）

◆子ども自身のやる気。やりたいことをガマンし、ほぼ毎日通塾し、たくさんの問題と向き合い、成績アップに向けて長期間頑張っていくには、その源に自分が受験したいという気持ちがないと、乗り切るのがとても難しいものになると思いました。（●晃華学園）

◆親のサポート。勉強は塾にお任せしたが、生活面でのサポート（送迎・食事・健康管理）。（●香蘭女学校）

◆親は勉強に干渉しすぎない。（●品川女子学院）

◆主役はあくまでも子どもということ。（●湘南白百合学園）

◆日々の努力、学びを楽しめる気持ち。（●女子学院）

◆自分を知り、失敗の経験を体感し、やり直しは可能だと経験すること。（●清泉女学院）

◆「まだまだ10歳くらいの子ども」ということを忘れずに、より添ってあげることが必要だと思います。（洗足学園）

◆子どもへの信頼。言われなくてもやる子であるのに、つい口を出してしまったことで悩ませてしまった。子どもを信じてあげることが何よりも大切であると感じた。（●フェリス女学院）

◆とにかく子どもを認めること。（●富士見）

◆何を決めるのも本人の意思を最後は尊重する。（●市川・男子）

◆親は大きく構えて、模試の結果などは特に気にしていないといった態度で接すること。（●東京都市大学等々力・男子）

◆子どもの自主性を育てること。「自分で自分を育てる子ども」にすることが何よりも大事だと思いました。（●●桐光学園・男子）

◆第1志望を一緒に見つけてあげ、目標に向かって努力する場面を共有すること。（●●桐光学園・男子）

◆親の受験ではないと親が常々意識すること。親はサポートをするだけで良いと思います。最終的に、進学先を選ぶのは子ども自身にさせること。（●東邦大学付属東邦・男子）

◆完璧を求めないこと、無理をしないこと。（●宝仙学園理数インター・女子）

◆本人の気持ち（親の行かせたい学校より、本人の行きたい学校。偏差値から離れて考えてみる）。

◆親が出来ることとしては、情報収集や万全の準備などの本人のバックアップ。（女子）

●男子校、●女子校、●共学校
（ ）内の学校名は進学先です。共学のみ、子どもの性別を記載。
コメントの内容は進学先のこととは限りません。

上昇気流

# 1

# 入試本番までのスケジュール

**これから入試本番までは、保護者も受験生も大忙しです。
まずは全体の流れをしっかりと把握し、
そのうえで「いつ、誰が、何を、どうすればいいのか」
といったわが家のスケジュール表を作っておきましょう。**

目次

上昇気流 1

# まずは全体の流れを確認しよう!

## 11~2月の流れ

2023

**11月**

**学校訪問**

★文化祭を見学

★入試説明会に参加

要項を入手

→ **併願校を絞り込む**

P28へ

**12月**

→ **受験する学校を最終決定**

P30へ

**出願方法の確認、準備**

P38へ

**公開模試を受ける**

### 完璧なスケジュール管理で合格に近づこう

これから入試本番までの3カ月間は、中学受験の総仕上げの時期。やるべきことは山積みですが、「いつ、誰が、何を、どうすればいいのか」をきちんと把握して、一つひとつクリアしていきましょう。

そのためにまず、「いつ、何を」を整理することから始めましょう。スケジュール管理は保護者の大事な役目。これからの予定を書き出して、早めに準備をしておくことが大切です。11月から2月までの大きな流れは上のとおり。流れをつかんだ後は、月ごとのカレンダー形式のスケジュール表で、「誰が、何を」を整理しましょう。

出来上がったら、リビングなどに貼って家族みんなで共有。完璧なスケジュール管理で、合格へ!

### カレンダー形式「やること」スケジュール表

「いつ、誰が、何を」を整理して家族で共有するスケジュール表。リビングの壁などに貼っておこう。

▶16ページへ

### 入試スケジュール表

入試当日の行動予定や、受験校（試験）ごとの出願締め切りや合格発表日時をまとめよう。

**「特別とじこみ　書き込み式入試スケジュール表」を活用しよう。**

▶使い方は24ページへ

2024

**1月**

茨城・埼玉・千葉・西日本などで入試が始まる

**2月**

東京・神奈川で入試が始まる

- 出願から入学手続きまでのスケジュールを確認 P16へ
- 面接の準備 P89へ
- 出願 P40へ
- 入試本番 P64へ
- 合格発表 P78へ
- 入学手続き P79へ

冬期講習

## やることスケジュールは、この順番で書き込もう！

| | | |
|---|---|---|
| 1 | 欠席できない小学校の学校行事 | 小学校生活は何よりも大切。秋の運動会や学芸会などが公開模試と重なった場合には、小学校の学校行事を優先させよう。また、本人だけでなく保護者も、学校説明会などのために子どもの晴れ舞台を見逃すことのないように。 |
| 2 | 志望校の「開催日限定」の説明会・行事 | 文化祭・体育祭などは予約制で公開している学校も多い。学校を知る＆魅力を発見する貴重な機会なので、ぜひ見ておきたい。学校説明会も多くは予約制なので、こまめに行事の開催情報をチェックして参加の機会を逃さないように早めの予約を。 |
| 3 | 公開模試 | 偏差値の変化や苦手な分野を知るためにも、公開模試はなるべく多く受験したい。とくに受験予定の学校が試験会場となる場合には、会場に慣れるというメリットもあるので、早めに申し込もう。 |
| 4 | 受験生本人不在ではできないこと | 出願用の写真撮影や面接服の購入、インフルエンザの予防接種・歯科治療などは、本人がいなければ意味がない。小学校や塾の予定も把握したうえで、早めに日程を確定し、予約をしておく。 |
| 5 | 「万が一」の学校の説明会 | 成績の変動や入試結果次第で「もしかしたら受験するかもしれない」学校の説明会にも可能な限り参加しておこう。保護者だけで参加した場合は、後で必ず受験生本人にも報告しよう。 |

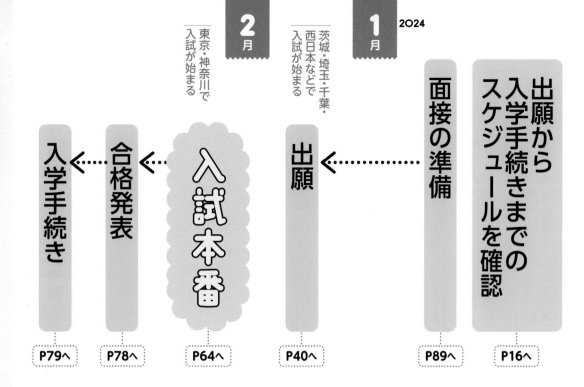

# モデルカレンダー

## 家族のやることスケジュール表

★先輩家族の体験をもとに作成しています。日程は今年度（2024年入試）のものに置き換えてあります。

受験生
母
父

第１志望校の入試説明会だったから私も参加したよ。出題傾向や学習アドバイスが聞けたよ。校章入りのシャープペンも買ってもらってやる気上昇！

| 金 | 土 | 日 |
| --- | --- | --- |
| 3 | 4 | 5 日能研全国公開模試（合格判定テスト） |
| 10 | 11 B校入試説明会 10:00～ | 12 D校入試説明会 10:00～ 要項入手 |
| 17 | 18 塾の保護者会 | 19 出願用の写真撮影 |
| 24 インフルエンザの予防接種（父） | 25 F校入試説明会 10:30～ | 26 |
| | | |

WEB出願用のデータと、プリントした写真の両方を念のために購入しました

### やること チェック の詳細

**●入試説明会など**

入試について具体的な説明が聞けるようになるのがこの時期からの説明会。学校によっては出題傾向や出題のヒントが得られることもある。

学校訪問時は、入試要項（願書）を入手しておくのはもちろん、入試当日の下見も兼ねて交通ルートの確認もしておこう。

**●時事問題対策**

その年の『重大ニュース』は、例年11月に発売される。購入して、しっかり対策を進めよう。テレビのニュースなどを見ながら、家族で時事問題を話題にしてみるのもいいだろう。

**●出願用の写真撮影**

出願用の写真はデータとプリントの両方を用意しよう。写真店で

上昇気流 1
スケジュール

2023年
# 11月

2月1日まで
あと **92** 日

やること
チェックリスト

- [ ] 入試説明会などの申し込み&参加
- [ ] 12月の公開模試の申し込み
- [ ] 時事問題対策
- [ ] 受験校をほぼ決定
- [ ] 入試要項（願書）の入手
- [ ] 出願用の写真撮影
- [ ] 塾の個人面談、保護者会
- [ ] インフルエンザ予防接種［1回目］
- [ ] 虫歯などの身体チェック
- [ ] 小学校の先生に、中学受験することを伝える
- [ ] 手洗い、うがい、マスクなどを励行

第１志望校が模試会場の１つになっていたので、すぐに申し込みました。あっという間に満席になってしまったようなので、早く申し込んでよかった！

歯科検診で虫歯が見つかった。痛くなる前に治療できてよかった～

| 月 | 火 | 水 | 木 |
|---|---|---|---|
| | | 1 『2023 重大ニュース』を購入 | 2 |
| 6 | 7 | 8 | 9 歯医者へ |
| 13 | 14 | 15 | 16 インフルエンザの予防接種［1回目］（母、本人） |
| 20 12/23の公開模試の申し込み開始日 | 21 | 22 | 23 |
| 27 | 28 | 29 | 30 |

撮る場合は、七五三の時期や年末年始は混み合うので注意。面接服を着て撮影するなら、購入時期など段取りを。

**●インフルエンザ予防接種**

インフルエンザの予防接種は、例年10月中旬頃から開始。子どもは1カ月程度あけて2回接種するので、1回目は10～11月頃に。家族も接種する場合は、そちらの予約も忘れずに。

**●虫歯などの身体チェック**

入試直前に「虫歯が痛み始めた」などということがないよう、いまのうちに身体的な不安要素は取り除いておきたい。歯や視力（メガネ）のチェック、持病への対策を。女子の場合は突然生理になることもあるので準備をしておこう。

併願パターンについて相談したところ、安全校が無いとの指摘で、2月1日午後にC校を受けることに

塾で面接の練習をしてくれたよ。10月に買っておいた面接用の服を着て行きました。緊張したけど面接のイメージがつかめてよかった!

安全校として受験を決めたC校は、まだ本人は行ったことがなかったので、個別訪問を申し込みました。クラブ活動も見学できて、生徒さんの雰囲気が気に入ったみたい。よかった

| 金 | 土 | 日 |
|---|---|---|
| 1 塾の個人面談 | 2 | 3 日能研全国公開模試(合格判定テスト) |
| 8 G校ナイト説明会 19:00~ | 9 C校個別訪問 10:00~ | 10 |
| 15 塾で模擬面接 | 16 | 17 |
| 22 | 23 日能研全国公開模試(合格判定テスト) | 24 B校・C校・D校・E校・F校 WEB出願用ID登録 冬期講習 |
| 29 | 30 | 31 |

最後の公開模試だったんだけど、成績がよくなくて…。お父さんに言われて、全体正答率の高い問題をふり返りました

志望理由の記入欄があることが判明した学校があったので、出願開始日までに文字数に合わせて原稿を作っておくことにしました

## やること チェック の詳細

### ●受験校の最終決定

併願校を含め、合否のパターンごとに受験する可能性のある学校はすべて12月には決定しておこう。

### ●塾の個人面談

12月上旬までに併願校を最終決定するため、個人面談を行う場合が多い。受験校に迷いがあるなら、この面談で塾の先生に相談してみよう。

### ●願書の入力(記入)・出願

現在はほとんどの学校がWEB出願を採用している。WEBで入力するにしても紙に記入するにしても、出願間際に慌てて行うと入力(記入)ミスが起こりがち。入試後半日程で追加出願する可能性のある学校も含めて、出願の準備は早めを心がけて。

2023年

# 12月

2月1日まで

あと **62** 日

やること チェックリスト

- □ 入試説明会などの申し込み&参加
- □ 受験校の最終決定
- □ 冬期講習
- □ 塾の個人面談
- □ 願書の入力(記入)・出願
- □ 通知表のコピー&スキャン[2期制の場合は前期]
- □ 調査書の依頼・受け取り
- □ 面接の練習
- □ インフルエンザ予防接種[2回目]
- □ 手洗い、うがい、マスクなどを励行

D校で調査書が必要だったので、2学期末の個人面談のときにお願いしました

| 月 | 火 | 水 | 木 |
|---|---|---|---|
| | | | |
| 4 小学校の個人面談(調査書の依頼) | 5 | 6 | 7 A校出願(WEB) |
| 11 | 12 | 13 2月1日まであと50日 | 14 インフルエンザの予防接種[2回目](本人) |
| 18 | 19 | 20 | 21 |
| 25 通知表をコピー&スキャン | 26 | 27 | 28 |

## ●通知表のコピー&スキャン

出願に必要があれば、2学期(2期制の場合は前期)の評価が完了した通知表をコピーする。「コピーのコピー」になってしまうことを避けるため、もしもを想定して枚数は多めに。

WEB出願ではデータをアップロードする場合もあるので、スキャンしたデータも用意しておくと安心。サイズや必要なページなどの指定は学校によってさまざまなので、よく確認して。

## ●調査書の依頼・受け取り

小学校の先生が記入する調査書や報告書の提出がある場合は、時間に余裕をもって、遅くとも冬休みが始まる前には依頼しよう。受け取り時期についても確認を。

入試期間中の行動予定について夫婦で打ち合わせをしました。予定表は部屋に貼り、コピーを全員が持ち歩きました

冬期講習中は、自習室を利用しました。友達がいるからがんばろうって気になったよ

| 木 | 金 | 土 | 日 |
|---|---|---|---|
| 4 | 5 | 6 | 7 |
| 冬期講習 | | | |
| 11 | 12<br>10:00<br>A校合格発表(WEB)➡○ | 13 | 14 |
| 18 | 19 | 20 | 21 |
| 25 | 26 | 27 | 28 |
| | | | |

合格発表サイトになかなかつながらずドキドキしましたが、30分ほど時間をおいたら見られました。合格書類の受け取り方法と期限や、入学金の延納手続きについて念入りに確認しました

**やること チェック の詳細**

### ●出願～入学手続きの行動予定表を作成

出願から入学手続きまで「誰が、いつ、どう動くか」を事前に決め、行動予定表を作っておこう。いざというときにピンチヒッターを頼む親戚や友人にも改めて確認の連絡を。

### ●受験に必要なお金の準備

受験料や入学手続き金が「もっとも多くかかる場合」を想定して金額を確認し、用意しておこう。学校指定の支払い方法の確認や、必要があればクレジットカードの限度額の変更手続きも。

### ●入試当日の服装・持ち物を用意

入試当日の服装や持ち物など、準備できるものは早めに用意。大雪に備えて、長靴や防寒服なども忘れずに。

### ●受験校までの交通ルートを確認

電車遅延に備え、交通ルートは必ず複数調べておこう。午後入試を受ける場合は、午前受験校から午後受験校までも複数の経路を確認。乗り継ぎに不安のある場合は、前もって一度学校まで行ってみる

# 2024年 1月

2月1日まで あと **31** 日

やること チェックリスト

- □ 出願～入学手続きの行動予定表を作成
- □ 願書の入力(記入)・出願
- □ 受験に必要なお金の準備
- □ 入試当日の服装・持ち物を用意
- □ 受験校までの交通ルートを確認
- □ 実家や親戚に連絡
- □ 小学校へ欠席届を提出
- □ 入学金の延納手続き
- □ 試し受験の結果のケア
- □ 手洗い、うがい、マスクなどを励行

第1志望校(B校)入試のちょうど1カ月前なので、当日と同じ時間割で過去問に取り組みました

祖父母に新年のあいさつをした際、万が一のときには受験の付き添いや入学手続きなどに行ってもらえるよう、受験日程を伝えておきました

| 月 | 火 | 水 |
|---|---|---|
| 1 B校の過去問<br>初詣、合格祈願 | 2 祖父母に受験日程を連絡 | 3 家族の行動予定表を作成 |
| 8 | 9 | 10 A校入試<br>B校・C校・D校出願(WEB) |
| 15 | 16 | |
| 22 小学校の担任の先生に2月の入試日を報告(欠席届) | 23 | 24 |
| 29 | 30 | 31 |

入試会場で水筒をお母さんからもらうのを忘れて、係の先生が届けてくれたの。次からは自分で持っておくことにしたよ

と安心だ。入試当日と同じ時刻に行けば、混み具合もわかる。交通用のICカードに十分な金額がチャージされているかもチェック。

### ●小学校へ欠席届を提出

入試当日に連絡なしで欠席することのないよう忘れずに届け出を。

### ●入学金の延納手続き

入学手続き期間の延長、入学辞退者への納入金返還を行う学校も多い。試し受験校であってもしっかり確認し、入学資格を失うことのないように!

### ●試し受験の結果のケア

試し受験をする場合、その合否が2月からの入試に精神面で大きく影響する。合格して油断したり、不合格で自信をなくさないよう、上手にケアを。

妻は入試の付き添い。私が自宅のパソコンでB校の合格発表を確認し、ダメだったとわかりました。E校（3日午後）のWEB出願締め切りが2日だったので、すぐに出願しました

もしB校の2回目入試もダメだったら、昨晩合格がわかったE校の合格書類をすぐ受け取りに行く予定でした。4日の13時が締め切りでしたので。でもB校に合格できたのでホッとしました！

| 木 | 金 | 土 | 日 |
|---|---|---|---|
| 1<br>午前　B校入試<br>午後　C校入試<br>22:30　C校合格発表（WEB）➡〇 | 2<br>D校入試<br>9:00<br>B校合格発表（WEB）➡×<br>E校出願（WEB） | 3<br>午前　B校入試（2回目）<br>午後　E校入試<br>13:00　D校合格発表（WEB）➡×<br>22:30　E校合格発表（WEB）➡〇 | 4<br>9:00<br>B校合格発表（WEB）➡〇<br>B校合格手続き |
| 8 | 9 | 10<br>小学校の担任の先生に調査書のお礼&結果報告 | 11<br>10:00<br>B校入学者説明会 |
| 15 | 16 | 17 | |
| 22 | 23 | 24 | |
| 29 | | | |

受験が終わって気が抜けちゃいそうだったけど、さっそく入学前課題が出されたよ

公立小学校の先生は公務員なので、お礼の品はかえってご迷惑かと思い、ごあいさつにだけ伺いました

### タツ家族の受験日程

| | 学校名 | 1/10 | 2/1 | 2/1 PM | 2/2 | 2/3 | 2/3 PM | 2/4 |
|---|---|---|---|---|---|---|---|---|
| 試し受験校 | A校 | 合格 | | | | | | |
| 第1志望校 | B校 | | 不合格 | | | 進学 | | |
| 安全校 | C校 | | | 合格 | | | | |
| チャレンジ校 | D校 | | | | 不合格 | | | |
| 第2志望校 | E校 | | | | | | 合格 | |
| 予備の安全校 | F校 | | | | | | | — |

進学 =進学　合格 =合格　不合格 =不合格　— =受験せず

## やること チェック の詳細

**● 突然のトラブルの対処法確認**

体調不良、電車遅延、忘れ物など、入試当日思いがけないトラブルに見舞われることも。万一を考えて、学校ごとに対処法を確認、シミュレーションしておこう。学校の電話番号は必ず控えておいて。

**● 合格発表・入学手続き**

合格が判明した後は「即、インターネット上で入学手続き」「窓口で合格書類受け取り→入学手続き」など、学校によって入学手続きまでの期間・方法は異なる。他校の合否を見てから手続きする場合は、「いつまでに、何をすればいいのか」をしっかり確認。合格書類の受け取りや入学手続きには受験票（受験番号）が必要なので忘れないように。

**● 補欠・繰り上げ合格の確認**

合格発表時は、補欠合格者の受験番号もしっかり確認。かなり遅い時期になってから繰り上げの連

2024年

# 2月

集合時刻の1時間前には学校に着くよう、早めに家を出ました。行く途中、子どもがお腹が痛いと言い出して駅のトイレに駆け込んだので、早めに出発しておいてよかった！

## やること チェックリスト

- □ 入試当日のトラブルの対処法確認
- □ 入試・出願
- □ 合格発表・入学手続き
- □ 補欠・繰り上げ合格の確認
- □ 入学手続き金の準備
- □ 入学辞退の連絡
- □ 塾・小学校へ進学先の報告
- □ 入学予定者一斉登校日
- □ 役所へ届け出

友達も塾にあいさつに来ていたよ。お互いの学校の文化祭を見に行く約束をしたんだ！

| 月 | 火 | 水 |
|---|---|---|
| | | |
| 5 | | 7 塾にお礼のあいさつ |
| 12 | 13 | 14 地元の公立中へ進学しない旨、役所に伝える |
| 19 | 20 制服注文締め切り日 | 21 |
| 26 | 27 | 28 |

絡が来るケースもある。

● **入学手続き金の準備**
入学金の納入は、ネット上で手続きするケースが増加。納入方法はクレジットカード、コンビニ支払い、ペイジー、学校指定口座へ入金などいろいろ。

● **入学辞退の連絡**
入学を辞退する学校へは進学先が決まったらすぐに連絡しよう。

● **塾・小学校へ進学先の報告**
お世話になった塾の先生や、調査書を書いてくれた小学校の先生には進学先を報告し、親子そろってお礼のあいさつをしたい。

● **入学予定者一斉登校日**
この日に制服の採寸や学校指定品の申し込みをする学校も。最終的な入学意思の確認の意味もあるので、参加できないなら必ず学校へ連絡を。

● **役所へ届け出**
地元の公立中学へ入学しない旨、役所へ届け出る必要がある。入学先の入学証明書を提出するのが一般的だが、届け出方式は自治体ごとに異なるので確認を。

# 書き込み式 とじこみ 入試スケジュール表の使い方

## 受験全体の流れと現状を把握 表面

### 受験の流れ&行動予定表

| 学校名・電話番号 | 12/15(金) | 1/10(水) | 1/16(火) | 1/20(土) | 1/22(月) | 1/24(水) |
|---|---|---|---|---|---|---|
| A学院<br>XXX(XXX)0000 | ①☆ WEB12時～12/14 12時 志願者登録開始 | → | ★ | ○8時15分 | ◎WEB11時 | △15時まで |

**備考欄をフル活用**

入学金の延納、分納、返金情報や各種手続きの期限をはじめ、ここまでに書ききれなかった情報をどんどん書き込もう。

**出願から入学手続きまでの流れを把握!**

下の記号例を見本に、受験校すべての出願・入試・合格発表・入学手続きの日時を書き込もう。同一日に複数の行動が重なっていたら、誰と誰が行くかなど、役割分担も考えよう。

**入学手続き期間、手続き金、納入方法もしっかり確認**

入学手続き期間、手続き金を書き込もう。書類の受取日・受取方法にも注意。入学手続き金は、入学金の他に施設費や授業料の一部を納める場合も。振込みの場合は、振込方法や振込先によって、受付時間帯が異なるので注意。

| 入学手続金・納入方法 | その他・備考 |
|---|---|
| 書類受取締切 1/24 15:00<br>手続期間 1/22～1/24<br>入学金(　330,000)円<br>その他(　　)円 | 15万円納入すれば<br>2/3の18時まで延納可 |

【記号例】 ☆出願開始日　★出願締切日　○筆記試験（集合時刻）　●面接試験
◎合格発表日時　□入学手続開始日時　■入学手続締切日時
△延納・分納手続締切日時　▲入学手続金返金申し出の締切日時

### 出願時に準備するもの・日時チェック

| 学校名 | 出願 | 出願期間 | 受験料 | 通知表のコピー／調査書・報告書 | 写真(サイズ／タテ×ヨコ) | その他必要書類 | 備考 |
|---|---|---|---|---|---|---|---|
| B学院 | □ 窓口<br>□ 郵送<br>☑ Web | 12/17 ～ 1/16<br>12:00～ ～15:00 | ☑(　25,000 円)<br>振込証明書・現金・カード・コンビニ・ペイジー | ☑ 通知表　(サイズ：A4)<br>□ 調査書・報告書 (入手日：　/　) | ☑(　×　)　枚<br>アップロード・貼付・不要 | ☑ アンケート<br>□ | ①が×なら<br>②に出願 |

**出願方法と現状のチェック**

窓口か郵送かWEBかマルをつけておき、手続きが済んだらチェック欄にチェック。窓口やWEBなら受付時間、郵送なら期日消印有効か必着かも、出願期間の下の余白に書き込もう。

**受験料には割引制度も**

複数回同時出願すると割引、合格するとあとの回の受験料を返金、などの場合もある。学校ごとの制度も書いておこう。

**提出物を学校ごとに確認**

通知表の提出方法やコピーサイズ、写真の枚数、調査書の有無など、学校ごとに異なる提出物と提出方法も一覧にしておこう。写真はプリントとデータの両方を用意しておくとベター。

**わが家にとって必要なメモを**

「①が不合格なら②に出願」など、合否によって変わる動きをメモしておいてもいい。

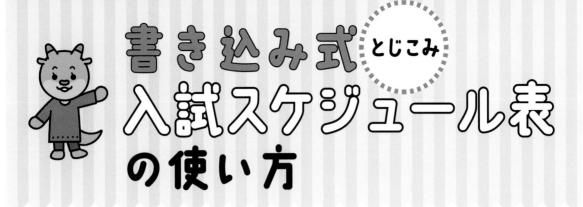

## 1 書き込む

### 情報を1枚の紙に集約

まず本誌とじこみの『書き込み式 入試スケジュール表』をミシン目から切り取って要項を見ながら記入しよう。記入したら、内容に間違いがないか、しっかり確認して。

## 2 確認する

### “やること”チェックで現状把握

表面の表内のチェックボックスがある箇所は、“やること”チェックに使える。学校ごとに必要な書類などを確認し、準備や手続きが済んだらチェック欄にチェックするなどして活用しよう。

## 3 共有する

### コピーをとって情報共有

片面はA3サイズでコピーできる大きさになっている。記入した表は両面をコピーして、家族みんなの目に触れるところに貼っておこう。家族で情報を共有することが大事。

## 4 携帯する

### 入試当日も迷わず行動

待ち合わせ場所、移動方法、昼食をとる場所や「いざ」という時のための対処方法なども記入して、いつでもどこでも、すぐに確認できるようにしておけば安心。

# 裏面 入試当日の流れと情報を管理

## 入試当日の行動予定表

| | 2/1(木) |
|---|---|
| 学校名 | C学園 |
| 受験番号 | ◆◆◆◆ |
| 5(時) | 5:00 起床 |
| 6<br>7 | 6:05 出発(付き添い 母)<br>7:00 開門 |
| 8<br>9 | 8:00 集合・点呼<br>国 8:30～9:20<br>算 9:30～10:20 |
| 10<br>11 | 社 10:30～11:00<br>理 11:20～11:50 |
| 12<br>13 | 12:00～12:10 諸連絡<br>##で待ち合わせ<br>移動 |
| 14<br>15 | |
| 16<br>17 | |
| 18<br>19 | 発表18:00～WEB |
| 20<br>～ | |
| 備考 | 当日発表／HP http://www～<br>(三角定規・分度器 不可<br>上ばき不要) |

**受験番号は入試回ごとに異なる場合も**

同じ学校でも複数回受験する場合には受験番号が異なることも。合否の確認だけでなく、学校への問い合わせにも必要になるので必ず控えておこう。

**早め早めの行動予定を**

慌しい入試当日、時間のゆとりは落ち着いて行動するためにも重要。誰がどう動くかなども、はっきりさせておこう。

**午後入試校への移動計画は綿密に**

午後入試があるなら隣の列に書き込もう。移動方法・かかる時間はもちろん、待ち合わせ場所や昼食をとる場所などもチェック。

**備考欄には持ち物などを**

学校ごとに異なる持ち物については備考欄に書いておこう。

## 受験校別アクセスチェック

| 学校名 | D中学校 |
|---|---|
| 住所 | 〒000-0000<br>神奈川県横浜市<br>×××××××× |
| Tel | ☎ 045-×××-×××× |
| 経路 | 横浜→JR横浜線<br>##駅南口 歩15分<br>計 1時間 00 分 |
| | 相鉄線▲▲駅より<br>相鉄バス●●団地行き<br>終点下車 歩3分<br>計 1時間 30 分 |
| 備考 | 緊急時の一斉送信メール<br>登録アドレス<br>***@****.ne.jp |

**万が一に備えて複数の経路を確認**

交通トラブルに備えてルートは複数調べておこう。特に、学校からバスに乗る場合などは時刻表も確認しておくといい。

**緊急時の情報源も書き込んで**

自然災害などの対応は学校のホームページに掲示されることも。サイトはあらかじめブックマークを。緊急時に一斉メールなどがある場合は登録したアドレスを控えておくと安心。

**さらに** こんなスケジュール表があると安心！

## 学校説明会・行事一覧

受験する学校の行事をもれなくチェックしたい！

| 学校名 | 説明会 | | | | 文化祭 | 体育祭 | その他の行事 |
|---|---|---|---|---|---|---|---|
| みくに中学 | 9/13 | 10/10 | | | 9/16 | 11/3 | |
| レーダー学園 | 10/4 | 11/15 | | | 10/7（動画配信） | 非公開 | 個別相談会 |
| | | | | | | | |

「入試体験会」など、開催日限定の学校行事は志望校を知るための絶好の機会。説明会も、本番が近づくほど入試に関する具体的な情報が得られることも多いので、極力参加したいものです。学校ホームページなどをチェックして、受験校の公開行事をオンライン開催も含め一覧に。日程の調整にも役立ちます。

※行事の開催状況はこまめに学校ホームページで確認しましょう。

## 入試回別入学手続き詳細表

入学手続きに万全を期したい！

| | 1/10（水）<br>●●中 | 2/1（木）<br>■■中① | 2/2（金）<br>▲▲中① |
|---|---|---|---|
| 合格発表 | 1/12（金）<br>11:00<br>WEB | 2/3（土）<br>13:00<br>WEB | 2/2（金）<br>22:00<br>WEB |
| 受験番号 | ■■■ | ■■■ | ■■■ |
| 合格証・書類受取 | | 2/3（土）<br>13:00～15:00 | 2/3（土）<br>～2/7（水） |
| 入学手続き | | 2/3（土）<br>15:00～<br>入学金30万円、施設費20万円計50万円　銀行振込み後、事務所で入学手続き | 2/3（土）～2/7（水）<br>9:00～15:00<br>入学金25万円　ネットで手続き後、窓口に書類提出 |

とにかく手続きが不安、という場合は、入試回ごとに、合格から入学手続きまでの詳細をまとめておくと良いでしょう。

入学手続きに関連する情報（日程・時間・支払い方法・支払先金融機関名・金額）など、各入試回（各校）ごとに異なる情報をまとめて書き出しておきましょう。

## スケジュール表　作成&活用のポイント

**1** 必要な情報を学校ごとに書き出して、混同しないように整理する

**2** 「誰が、いつ、何を、どのように」行うのかを明確にする

**3** 予定どおりにいかなかった場合のパターンを考えておく

**4** 作成したスケジュールはリビングに貼るなどして家族全員で共有する

**5** 祖父母など協力してくれる人にも渡しておき、トラブルに備えてもらう

上昇気流

# 2

# 受験校の最終決定

**そろそろ、受験する学校の偏差値の幅や日程を考慮して、具体的な併願パターンを組んでいかなければなりません。ここでは受験校決定の際のポイントを確認しましょう。**

目次



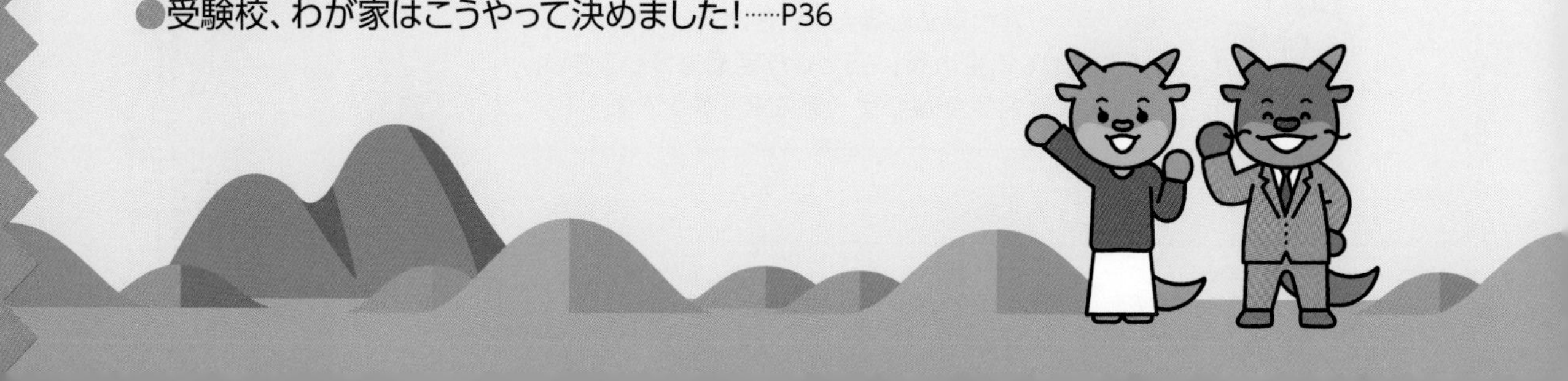

上昇気流 2

# 受験校の最終決定

## 受験校を決定するうえで大切なこと

6年生の秋ともなれば、第1志望校は決まっているというご家庭がほとんどだと思います。しかし併願校については、まだはっきりとは決めていない場合も多いのではないでしょうか。

実際のところを言えば、第1志望校に合格できる受験生は全体から見るとごく一部。併願校こそ、進学する可能性が非常に高いのですから、学校の中身もきちんと見て選ぶことが肝心です。迷ってしまったら、「なぜ中学受験をするのか」に立ち返り、わが家の方針と学校の中身を再度照らし合わせてみましょう。

さて、第1志望校の決定は子どもの希望が優先ですが、併願校は保護者が中心となって見極める必要があります。わが子が実際に通うかもしれない学校です。偏差値や交通の便だけにとらわれずに、学校の中身をよく知り、「本人に合っていそうな、通わせたい学校」を選んでください。

この数年は、保護者のみで説明会に参加しているケースも多いと思います。得てきた情報や学校の印象を受験生本人や家族に伝え、共有することを忘れずに。もちろん、受験することが決定したら本人が学校のことをよく知る機会をつくりましょう。この時期の6年生は1分1秒が惜しく感じられるかもしれません。しかし、本人が学校のことを知らないままではモチベーションも上がらず、入試でも力を発揮できません。できるだけ本人が学校に足を運ぶ機会をつくり、家族全員が納得したうえで、受験校を決定しましょう。

先輩保護者アンケート

## Q 併願校（第1志望校以外）は最終的にいつ決まった？

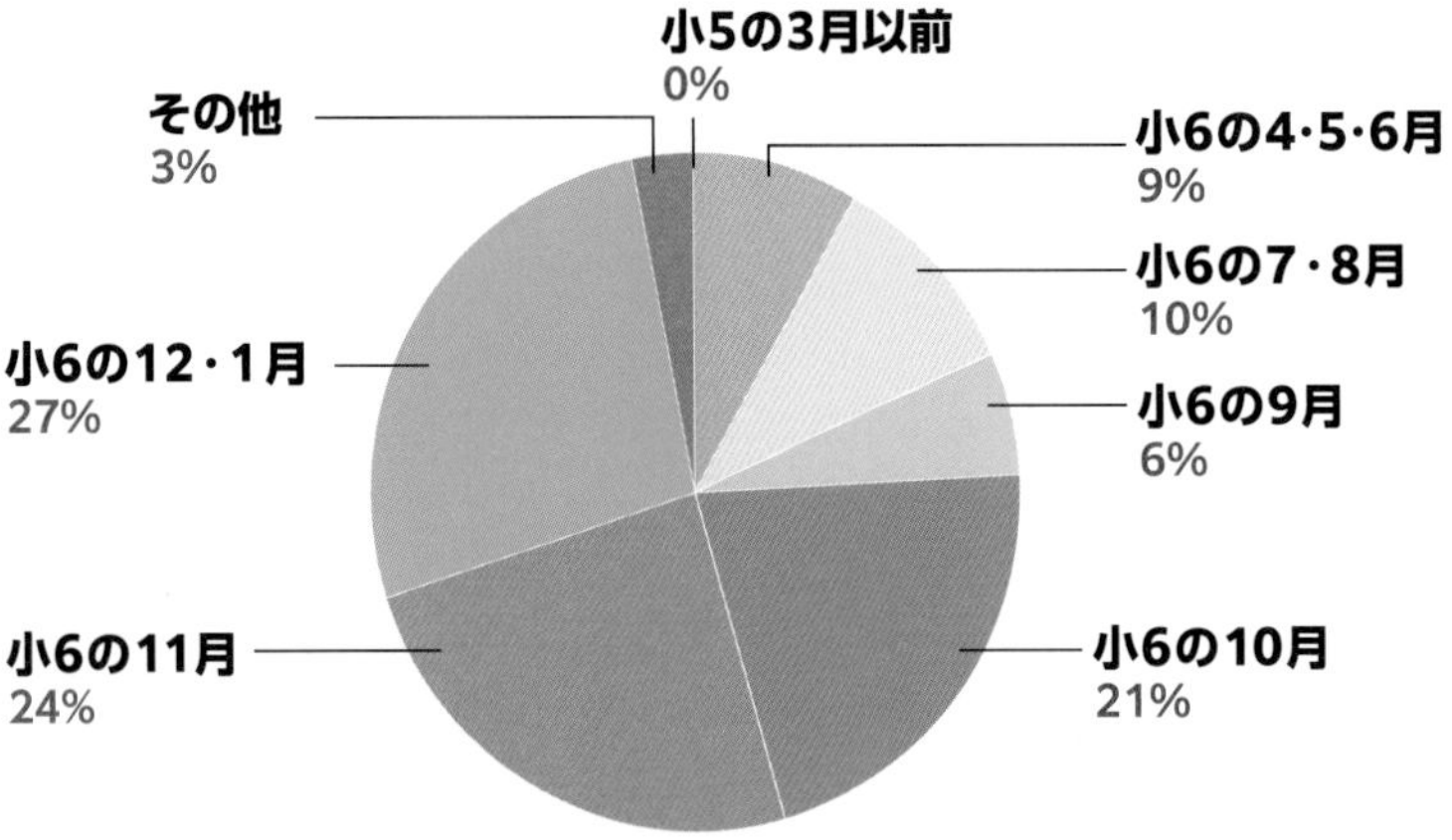
小5の3月以前 0%
小6の4・5・6月 9%
小6の7・8月 10%
小6の9月 6%
小6の10月 21%
小6の11月 24%
小6の12・1月 27%
その他 3%

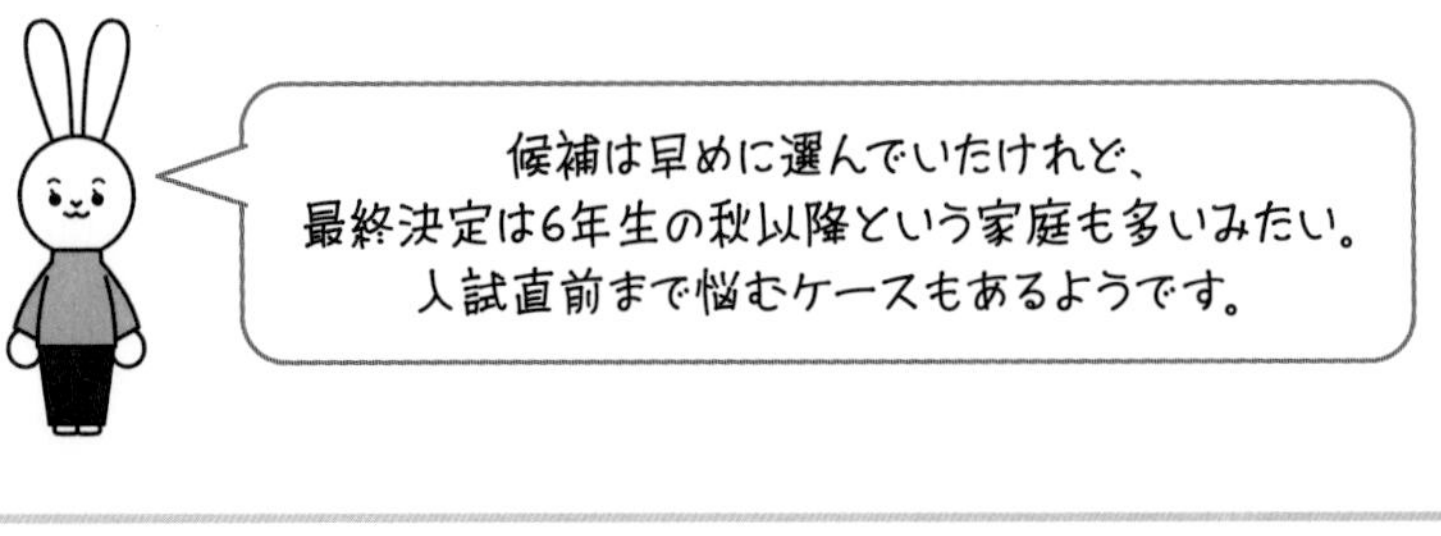
候補は早めに選んでいたけれど、
最終決定は6年生の秋以降という家庭も多いみたい。
入試直前まで悩むケースもあるようです。

●男子校、●女子校、●共学校
（ ）内の学校名は進学先です。共学のみ、子どもの性別を記載。
コメントの内容は進学先のこととは限りません。

## Qどのように解決した？

◆第1志望校にはない併願校の良さ（海外研修制度ありなど）を本人にアピールした。（●浅野）

◆2月1日は安全校を受けさせるつもりでしたが、本人は対策講座に通っていたチャレンジ校を希望し、結果本人のモチベーションを保つためチャレンジ校を受験することになった。（●栄光学園）

◆過去問の結果（相性）で決めた学校もあった。（●駒場東邦）

◆本人が学校を何度か見に行き、校風で決めました。（●芝）

◆解決できないままだった。とにかく全敗を避けるためだからと説得して受けさせた。（●世田谷学園）

◆本人の希望を優先。合格の場合、不合格の場合とで、何通りもの併願パターンを考えてシミュレーションしておいた。（●跡見学園）

◆何度か同じ併願校の説明会に参加し、一度では見られない面を見たことで印象が変わっていきました。（●晃華学園）

◆偏差値よりも、行きたいと思える学校を選択した。（●田園調布学園）

◆学校を直接訪問し、文化祭等を体験。通いやすさも考慮に入れて選んだ。（●フェリス女学院）

◆最終的には、本人の希望を尊重しました。（●桜美林・女子）

◆ギリギリまで出願を待った。結局、合否結果を見て直前出願もあった。（●関東学院・女子）

◆1月受験校を第2志望と捉えることにした。1月校が合格できたため、2月は本人が熱望する学校を受験した。（●●桐光学園・男子）

◆持ち偏差値プラス4～マイナス10くらいまで幅を持たせた中で条件に合う学校を選びました。（●東邦大学付属東邦・男子）

◆入試日程である程度限られてくるのでそれに合わせました。（●東洋大学京北・女子）

先輩保護者アンケート

## Q併願校を決定する際、悩んだ？

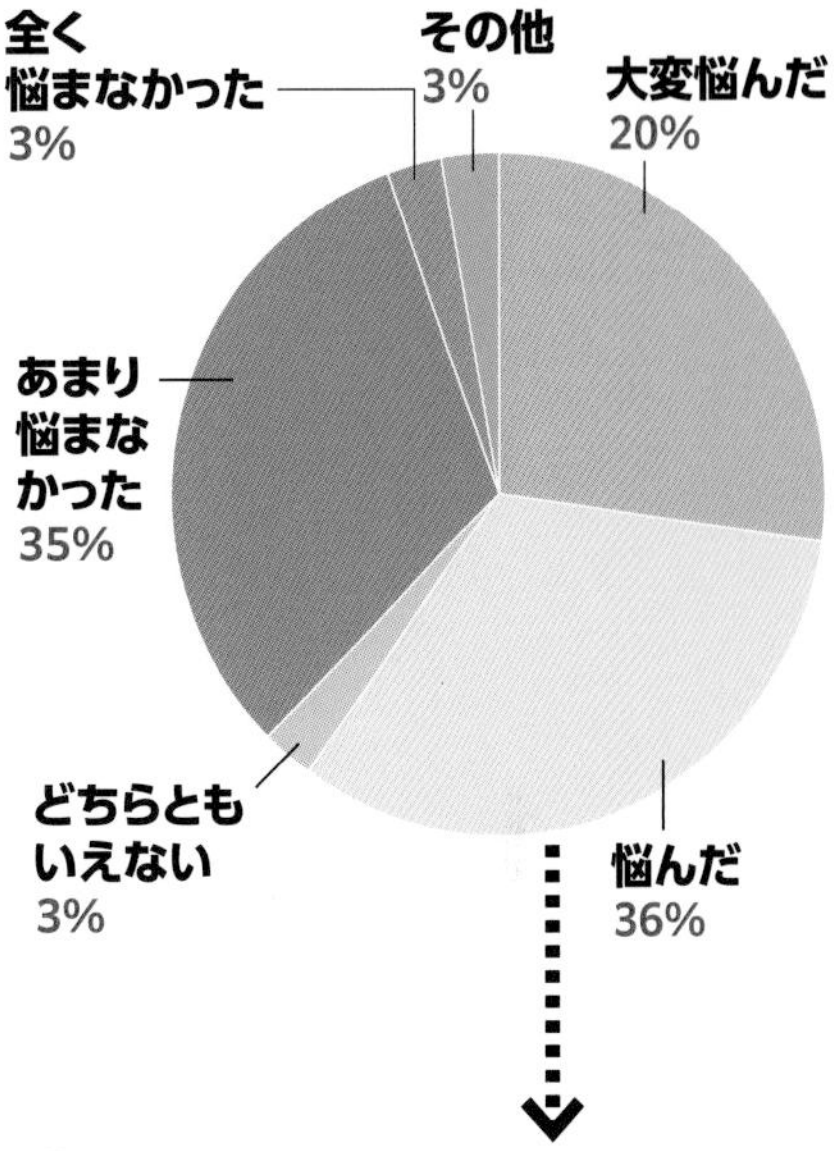
大変悩んだ 20%
悩んだ 36%
どちらともいえない 3%
あまり悩まなかった 35%
全く悩まなかった 3%
その他 3%

## Qなぜ悩んだ？（複数回答）

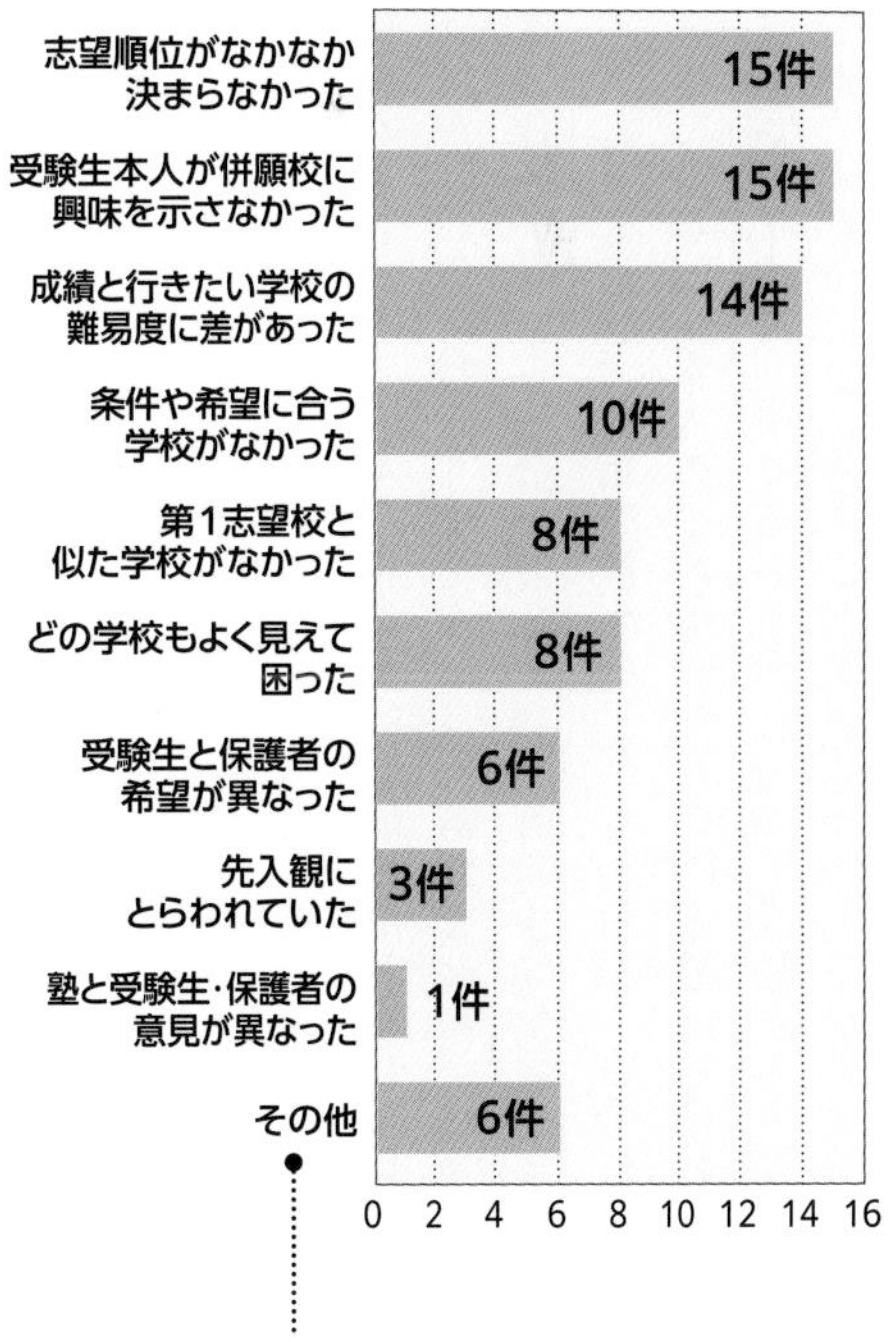
志望順位がなかなか決まらなかった 15件
受験生本人が併願校に興味を示さなかった 15件
成績と行きたい学校の難易度に差があった 14件
条件や希望に合う学校がなかった 10件
第1志望校と似た学校がなかった 8件
どの学校もよく見えて困った 8件
受験生と保護者の希望が異なった 6件
先入観にとらわれていた 3件
塾と受験生・保護者の意見が異なった 1件
その他 6件
0 2 4 6 8 10 12 14 16

◆併願校の日程がなかなか合わず、重複が多かった。／◆成績の上がり下がりが激しかった。／◆大学付属校・進学校、男子校・共学校が入りまじった志望となってしまい、選択肢が多すぎて困った。

# 受験校を決めるときのポイント

## ポイント1 第1志望校は原則として変えない

すでに第1志望校が決まっていても、模試の合否判定などで思うように結果が出なかったり、過去問に取り組み始めたらあまりの出来なさ加減に不安になってしまったりして、気持ちが揺らいでしまうこともあるかもしれません。

しかし、この時期まできたら、一度決めた第1志望校は変更しないことが鉄則です。受験生本人は、第1志望校を目指してこれまでがんばってきたはずです。本番が近づいた大切な時期に目標がぶれては、すべてが崩れてしまいかねません。成績が下がり気味で不安があるようなら、併願校の中に合格する可能性の高い安全校をしっかりと組み込むことで、調整しましょう。

過去問に関しては、まだまだこれから。多くの場合第1志望校は、受験生にとって成績的には一番遠い存在ですから、初めのうちはあまり得点できないのも当然です。志望校の入試問題と出題傾向が似ている学校を塾の先生に聞くなどして、対策をしていきましょう。その中から、併願校の候補になる学校が出てくることもあるかもしれません。

成績などの状況から、どうしても第1志望校を変える必要があると感じた場合には、本人の気持ちを最優先して、家族でよく話し合ってください。そのうえで、塾の先生にも相談してアドバイスを求めると良いでしょう。

## ポイント2 「偏差値の幅」は広く併願安全校が受験成功のカギ

併願校は、実力相応校、安全校、チャレンジ校など、偏差値に幅をもたせて、6～7校は決めておきましょう。特に、「下」の幅は重要です。

同じくらいの難易度の学校ばかりを選んでしまうと、実力を発揮できず不合格があった場合に、持ち直すことが難しくなってしまいます。実力相応校でも、その日のコンディションしだいで残念な結果になってしまうことも。中学受験は何が起こるかわかりません。確実に合格が取れる安全校を必ず組み入れましょう。先輩受験生の例を見てみると、本人の平均偏差値より5～7ポイントくらい下の学校を、安全校として受けている人が多いようです。

また、入試期間中のどこに安全校をもってくるかということも、ポイントとなります。原則として、安全校は早めの日程に組み込みます。ひとつ合格があるという安心感が良いサイクルにつながるからです。ただし、安全校の合格が油断を生んでしまうタイプの受験生の場合は、合否に応じていつでも受験できるように準備しておくのもひとつの方法です。

安心材料は多いに越したことはありません。安全校があることで、前向きに受験できたという声も。もちろん、安全校も「通ってもよい」と思える学校を選ぶことが大切。受験生本人が訪問していないということはできる限りないようにしたいものです。

●男子校、●女子校、●共学校
（ ）内の学校名は進学先です。共学のみ、子どもの性別を記載。
コメントの内容は進学先のこととは限りません。

## ポイント3 「試し受験」はできるだけする

第1志望校を受験する前に、1月入試校などで「腕試し」をすることを「試し受験」といいます。アンケートによると、先輩受験生の90％以上が試し受験をしており、ほとんどの保護者が何らかのメリットを感じています。

試し受験をどのような位置づけで受けるのかは、受験生のタイプによります。第1志望校と同じような難易度や、問題傾向が似ている学校を受けて感触を確かめるのも効果がありますし、受かる可能性の高い学校で確実に合格を得て安心感を得るというのもいいでしょう。

受験生にとっては、「合格」も「不合格」も大事な経験です。合格を得たことで自信をつけて調子を上げることもあれば、むしろ、残念な結果がその後の試験に向けてのバネになることもあるでしょう。

また、結果はどうあれ、「試し受験のあとにしっかりふり返りをできたことが、2月の第1志望校の合格につながった」と感じた受験生もいたようです。

さらに試し受験の大きなメリットとして、「入試本番の雰囲気に慣れることができた」という声も多く聞かれました。これは、受験生本人はもちろんですが、保護者にとっても言えることです。持ち物の準備、朝の支度、試験会場までの移動、試験会場に入る受験生を送り出す、試験中はどのようにして待つか、入試後に何と声をかけるか……。入試当日の一連の流れを一度経験しておけば、スムーズにいかなかった部分を見直して、次に生かすことができます。

第1志望校の入試に万全の状態で臨めるよう、事前に「本番」を経験しておくことをおすすめします。「試し受験」を上手に使いましょう。

先輩保護者アンケート

### Q 試し受験はした？

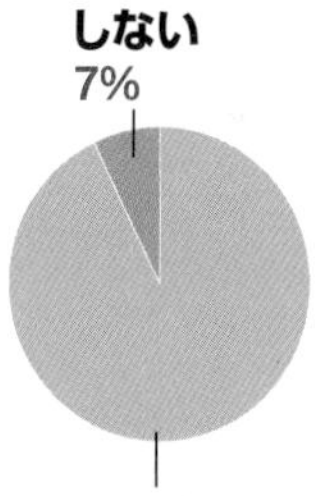
しない 7%
した 93%

### Q 何回受けた？

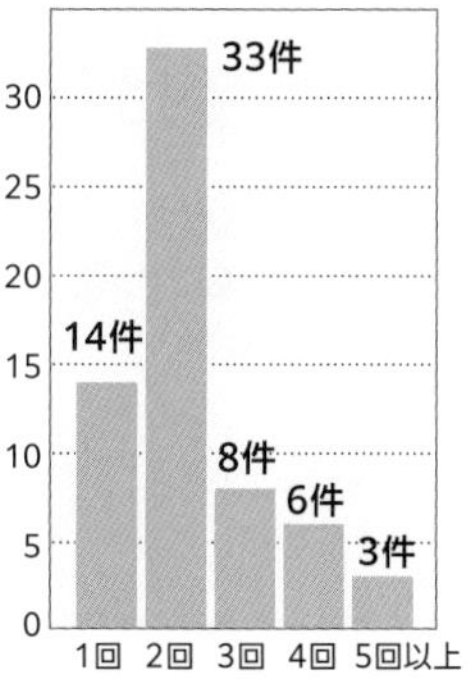
30
25
20
15
10
5
0
14件
33件
8件
6件
3件
1回
2回
3回
4回
5回以上

### Q 結果は？

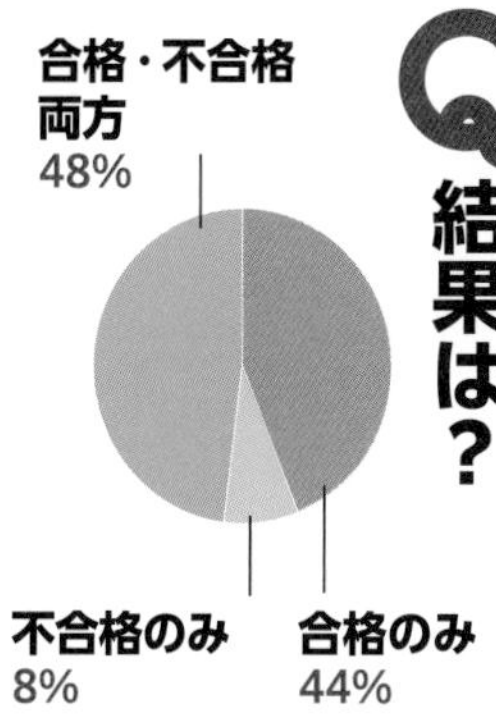
合格・不合格両方 48%
不合格のみ 8%
合格のみ 44%

### Q 試し受験して良かったことは？

◆試し受験で子どもが筆記用具一式を紛失したので、2月は親が予備を持参した。（●浅野）

◆親子共々〝落ちる〟ってこんなにグサっとくるんだ…と身がひきしまりました。（●栄光学園）

◆1回目の受験が最も緊張したようなので、回数を重ねて慣れていけたのが良かった。（●開成）

◆持ち物の要不要を選び、次に生かしました。（●鷗友学園女子）

◆失敗を次に生かせた。合格で安心できた。（●中央大学附属・女子）

◆午前・午後続けて受験する際の昼休みの過ごし方も見直しできた（昼食内容や持参する参考書選びなど）。（●東京電機大学・男子）

◆過去問をほとんどやらずに受けたら落ちてしまった。過去問をやることの大切さを実感し、併願校すべて一度はやるようにした。（●宝仙学園理数インター・女子）

## ポイント4
# 「午後入試」「ダブル出願」「駆け込み出願」も活用する

中学受験は、面接や実技試験などがなければ午前中のみで試験が終了することが多いため、午前と午後で1日に2校受験することも可能です。限られた入試のチャンスをフルに使うことができる、早めに合格を得て安心材料にできる、など「午後入試」には多くのメリットがありますが、活用するには注意点もあります。

午後入試は体力勝負。1日に2回受けるだけでも大変ですし、午前受験校から午後受験校までの移動も気が抜けません。昼食をとる場所やタイミングにも注意が必要です。とはいえ午後入試を経験した先輩保護者の約8割が、「翌日に影響はなかった」と感じているようです。子どもの体力面などを考慮して、検討しましょう。

また、出願の作戦としては「ダブル出願」や「駆け込み出願」もあります。

「ダブル出願」とは、同日、同時間帯の複数の入試に出願しておき、それまでの合否に応じて直前に受験校を選択できるようにしておくこと。「駆け込み出願」は、入試日前日や当日の朝など、入試実施直前まで出願可能な試験に追加で出願することです。

現在は、ほとんどの学校でWEB出願が採用されています。WEB出願では、あらかじめID登録などを済ませておくことにより出願そのものは非常に簡単に行えるケースもあります。また、多忙な入試期間に学校まで足を運ばずとも出願ができるため保護者の負担も軽減されています。

ただし、出願締め切りが早い入試もあるので、要項を確認してわが家に合った作戦を立てましょう。

これらのポイントを頭に留めておけば、併願の幅が広がり、良い結果につながります。

先輩保護者アンケート

## Q 駆け込み出願の準備はしてあった？（複数回答）

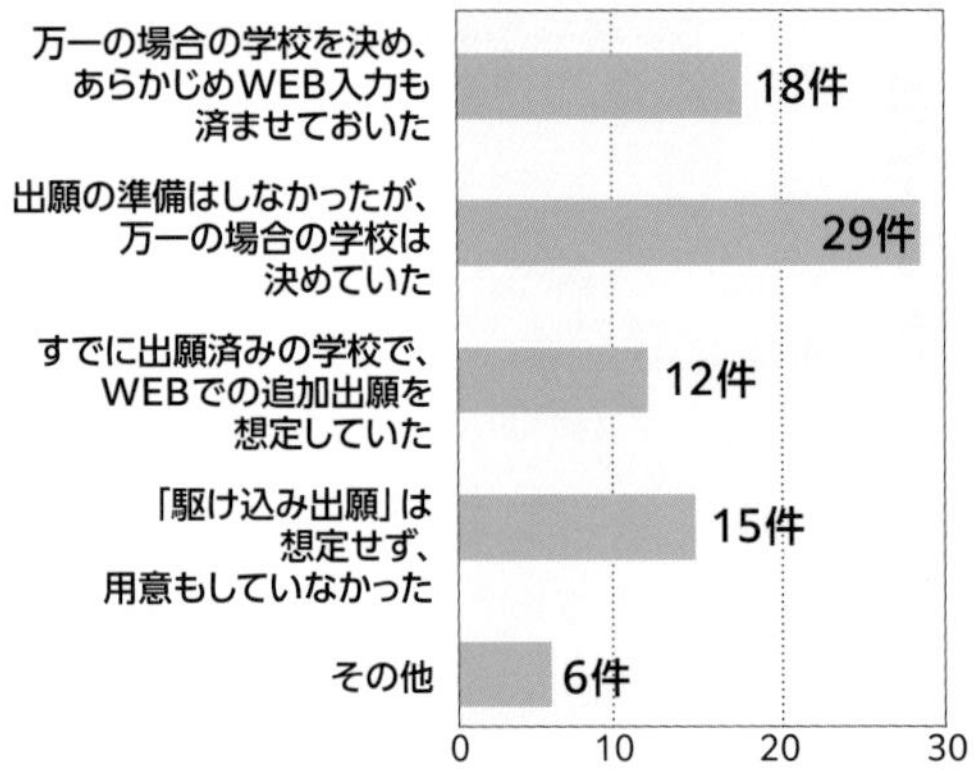
万一の場合の学校を決め、あらかじめWEB入力も済ませておいた
18件
出願の準備はしなかったが、万一の場合の学校は決めていた
29件
すでに出願済みの学校で、WEBでの追加出願を想定していた
12件
「駆け込み出願」は想定せず、用意もしていなかった
15件
その他
6件
0
10
20
30

## Q 午後入試は受けた？

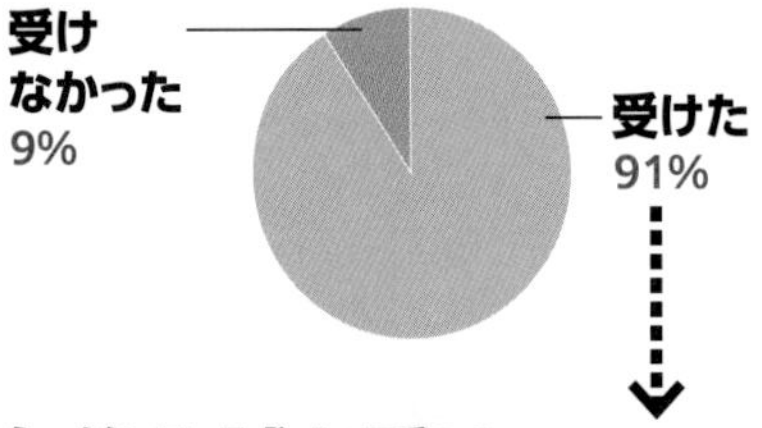
受けなかった
9%
受けた
91%

## Q 午後入試を受けて、受験生の様子はどうだった？

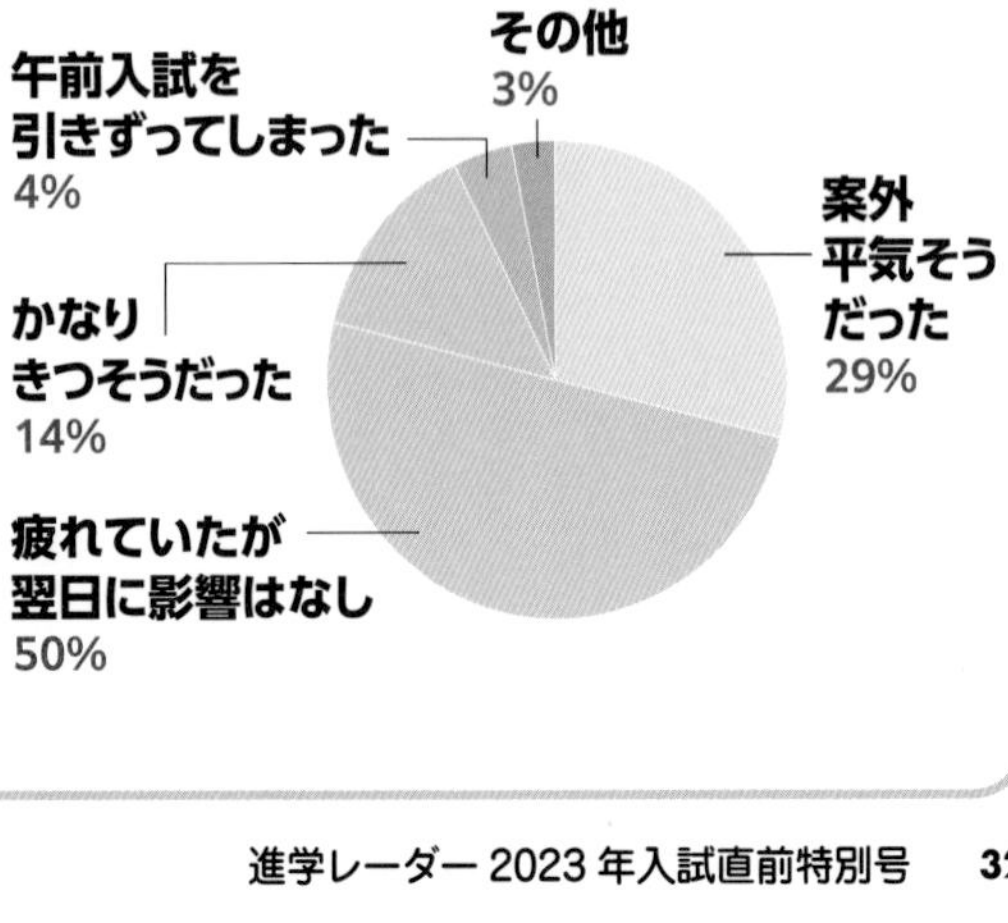
その他
3%
午前入試を引きずってしまった
4%
案外平気そうだった
29%
かなりきつそうだった
14%
疲れていたが翌日に影響はなし
50%

## Q 最終的に駆け込み出願はした？

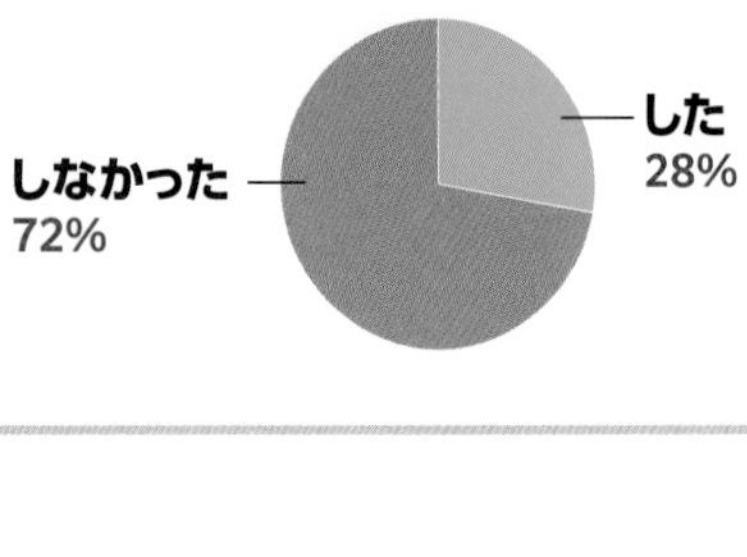
した
28%
しなかった
72%

## ポイント5 受験する学校を受験生本人が好きになる

第1志望校を決めるにあたっては、受験生と保護者がたくさんの学校を調べ、校風や、先生・在校生の様子を知りながら「ここに通いたい！」と思う1校を選び抜いてきたことでしょう。併願校であっても、それは同じことです。受験する学校は受験生本人が好きになった学校であることが大切です。

第1志望校の合格のために、安全校や試し受験が必要になるということは解説してきました。ただし、忘れてはならないのは、受験する学校はすべて進学する可能性のある学校だということ。「どうせ進学しない」などと考えず、受験生と一緒に学校を知り、「この学校もいいな」と思える併願校を選びましょう。1校1校をポジティブな気持ちで受けることができれば、受験生のモチベーションアップにもつながり、それが結果として第1志望校合格にも結びついていきます。学校のことをよく知り、その魅力に触れることで、納得のいく併願校を選ぶことができるはずです。

### 11月以降の主な学校行事

**●入試説明会**

夏までの学校説明会とは違い、募集要項についてや入試当日の注意事項など、より具体的な入試に関する情報が得られる。この機会に入試要項を入手することもできる。

**●入試体験会・入試対策講座**

6年生を対象に、実際の入試会場で本番の雰囲気を体験できたり、前年度の入試問題をもとに今年の出題傾向などを解説してくれたりするイベントがある学校も。

※事前予約制の開催がほとんどなので、こまめに学校ホームページで確認しましょう。

## ポイント6 最後まで〝あきらめない〟併願を

入試期間はたしかにハードなものです。1月入試から考えると約1カ月もの間、入試モードで緊張感を保たなければなりません。そのような中では、ある程度納得のいく合格を得られた時点で、「もうこの学校でいい」と、さらにチャレンジすることをやめてしまおうと思うこともあるでしょう。

しかし、後半日程まで粘り強く受け続けたことで、より満足のいく合格を得られたという受験生はたくさんいます。2月1日の第1志望校はダメだったのに、2日、3日のチャレンジ校に合格したという話もよく耳にします。入試期間中にも、受験生は確実に成長しているのです。

後半日程の試験も視野に入れて、モチベーションを保ちながら最後までがんばれる併願を組んで、後悔しない受験にしましょう。

### Q 受験は何日に終了した？

※首都圏の場合

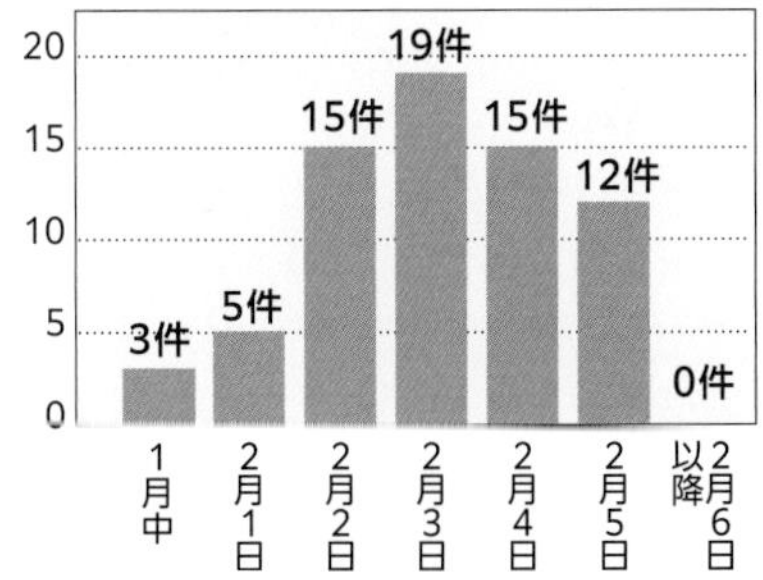


### Q 実際の受験回数は？

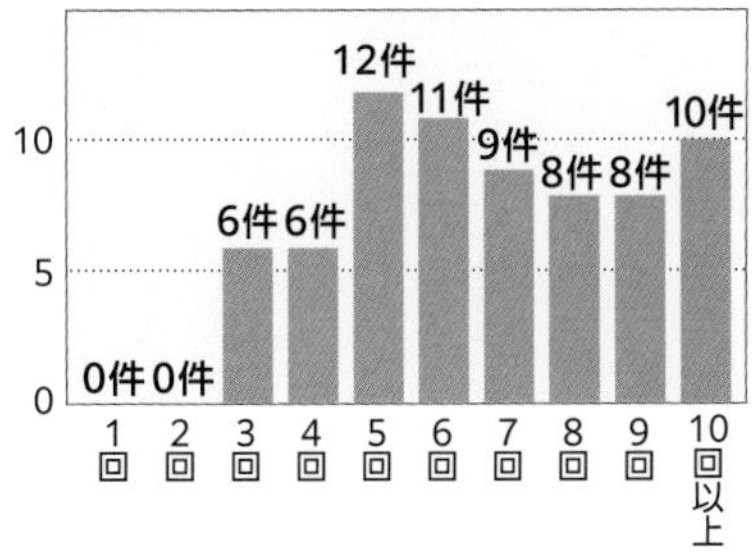

# 併願パターンはこう組もう！

併願パターンは受験生のタイプによっていろいろな組み方が考えられます。気持ちを持続できるよう間をあけずに、チャレンジ校・実力相応校・安全校をうまく組み合わせていきましょう。

注）●日程は首都圏の場合です　●各パターンはあくまで一例です　●▒▒は第1志望校を表します

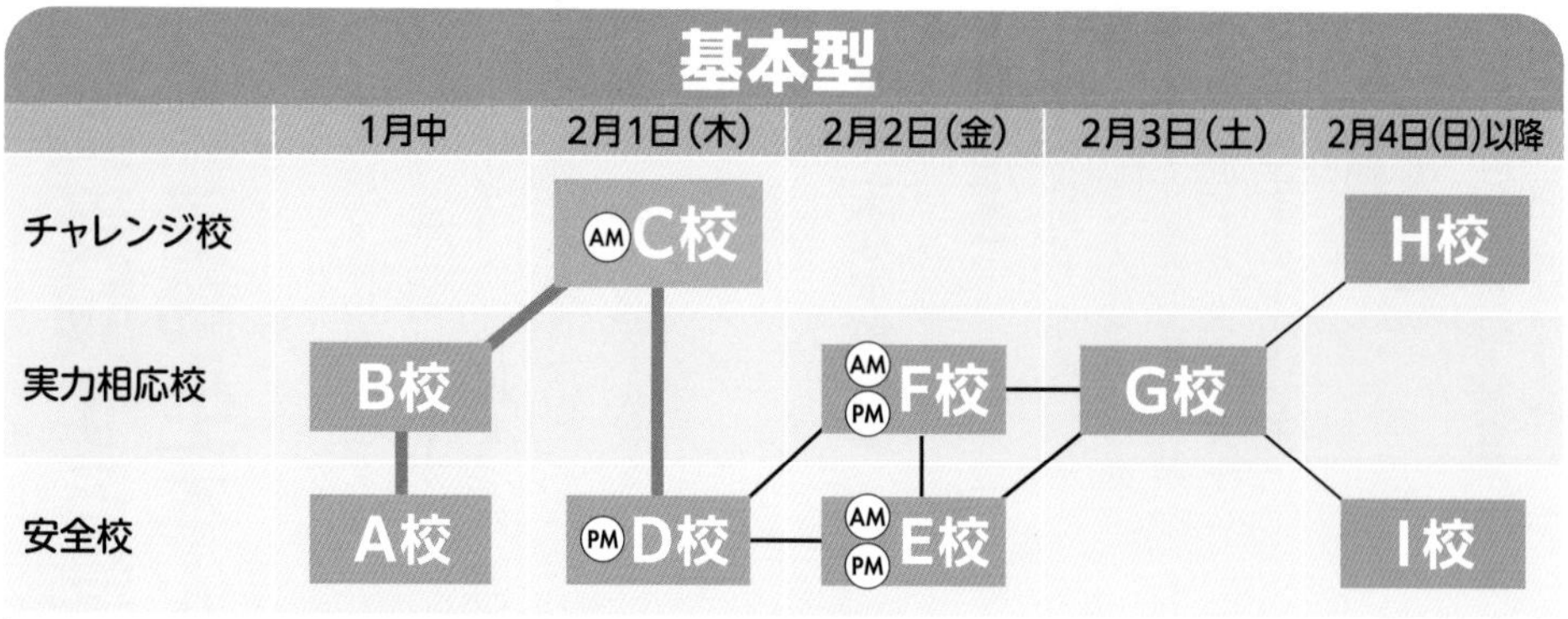

基本型
1月中
2月1日(木)
2月2日(金)
2月3日(土)
2月4日(日)以降
チャレンジ校
実力相応校
安全校
AM C校
H校
B校
AM PM F校
G校
A校
PM D校
AM PM E校
I校


## チャレンジ校と安全校を、バランスよく配置

１月中に実力相応校と安全校を試し受験。２月１日午前の第１志望校のあと、午後に確実な安全校でおさえ、２日・３日は実力相応校を。もし３日までに合格を得られれば、４日以降はチャレンジ校を、残念な結果なら安全校を受ける。

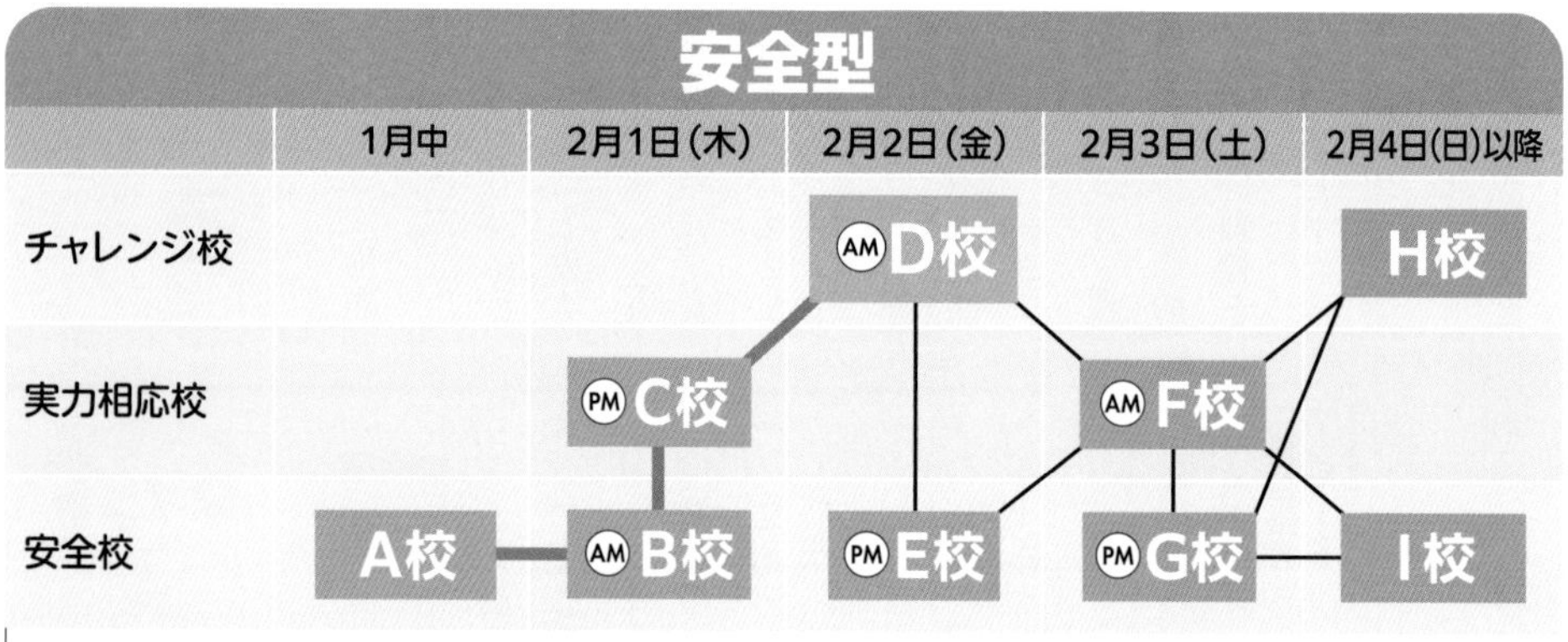

安全型
1月中
2月1日(木)
2月2日(金)
2月3日(土)
2月4日(日)以降
チャレンジ校
実力相応校
安全校
AM D校
H校
PM C校
AM F校
A校
AM B校
PM E校
PM G校
I校


## 慎重派向き。まずは合格優先

第１志望校受験の前に、１校は必ず合格しておき、心の余裕をもって２月２日にチャレンジ。１日午後に実力相応校を受けてもOK。３日は実力相応校を。４日以降は、３日までに合格を得られれば、さらにチャレンジ。念のため、後半日程にも安全校を用意しておくと安心。

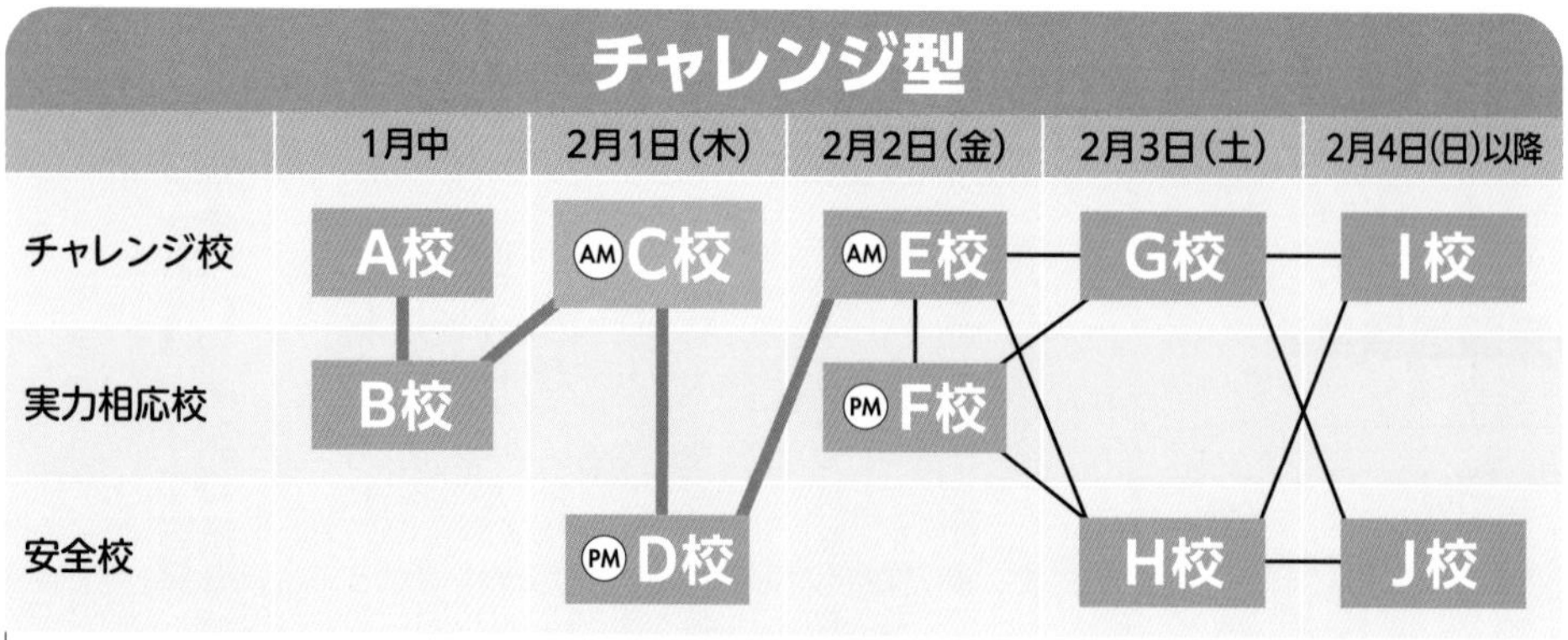

チャレンジ型
1月中
2月1日(木)
2月2日(金)
2月3日(土)
2月4日(日)以降
チャレンジ校
実力相応校
安全校
A校
AM C校
AM E校
G校
I校
B校
PM F校
PM D校
H校
J校


## 強気でいくなら、チャレンジ校を続けて受験！

１月中は実力相応校とチャレンジ校で腕試し。２月１日と２日の午前はチャレンジ校に挑戦。午後入試を有効活用して、安全校も組み入れる。３日は２日までに合格が得られなかった場合は安全校、合格があればさらにチャレンジ。念のため４日以降は安全校を用意しておこう。

# わが子の成績タイプ別 ピッタリ 併願パターン

## 下降・落ち込みタイプ

基本　**安全**　チャレンジ

### 「安全型」を選択。でも第1志望校は変えない!

成績下降の原因は、「ほかの受験生たちのがんばりに乗りおくれてしまった」など、いろいろ考えられますが、下降期間が短期的なものなら、スランプの時期かも。その場合は決してあせらないこと。目標はあくまでも入試本番です。下降傾向が続く場合にも第1志望校の変更は控えて。併願校を組み直しましょう。

## 成績アップ・絶好調タイプ

基本　安全　**チャレンジ**

### 「チャレンジ型」を選択。強気でいこう!

秋以降に成績が伸びているタイプは、第1志望校、安全校とも、もう1ランク上を考えてもいいでしょう。ただし、最後の最後まで油断は禁物。「安心してしまうこと」と「自信をもつこと」は異なります。自信をもって受験に臨むのはいいのですが、最後まで気を抜かず、攻めの気持ちでがんばりましょう。

## アップダウンタイプ

**基本**　**安全**　チャレンジ

### 第1志望校は一番良い成績を、安全校は一番悪い成績を基準に

成績の変動が大きく、本当の力を見極めにくいタイプ。ケアレスミスが多かったり、得意な分野・不得意な分野がはっきりしている場合にありがち。日々の授業やテストのふり返りを大切に。第1志望校と安全校の目安は、上下している成績の幅でとらえ、上のラインが第1志望校、下のラインが安全校と考えます。

## 安定・マイペースタイプ

**基本**　**安全**　**チャレンジ**

### 3つの型のうち、どれでもOK!

安定した力をもっていることの証拠ですが、一方、成績がなかなかいま以上に伸びないという見方も。予想外の悪い結果もない反面、いままでより飛躍的に良い結果も望みにくいと言えるかもしれません。チャレンジ校は受験生の平均偏差値よりプラス5程度、安全校はマイナス5程度を基本に考えましょう。

# Q 受験校、わが家はこうやって決めました！

## こうして良かった！

◆学校見学を本人とすると、偏差値とは関係なく本人が気に入る、気に入らないがハッキリして、過去問を解くと相性が良い、悪いも出てくる（親は迷うが）。最終的に塾からストップがかからない限り本人の志望の強いところを受験させた。（●浅野）

◆受験で実力が出せるタイプかわからないため、併願は幅広いレベルで検討しました。（●栄光学園）

◆持ち偏差値に余裕を持たせて校風の合いそうな併願を組むと、心に少し余裕を持てます。（●芝）

◆全て本人が行きたい学校にした。不合格があっても、行きたい学校しか受けていなかったので立ち直りが早かった。（●芝）

◆最初はあまり興味がない学校でも、異なる説明会やイベントに何度か参加することで、初めの印象と変わることがあるので、1度の見学だけで〝対象外〟の学校にしない方が良いです！（●晃華学園）

◆1月は分散した日程で併願を組んだので、入試のふり返りがしっかりできた。（●女子学院）

◆同じくらいの志望度合だったら、たくさんの学校を受けるより絞って受けることで、過去問の数が増えず対策しやすかった。（●富士見）

◆進学しないだろうと思う学校も、何校か見てみるのが大事だと思いました。色々な学校を見ることで行きたい学校の良い点がみつかることもありますし、受験の時の本人の調子によって、併願校については最後まで検討を繰り返すこともあります。（◐桜美林・女子）

◆とにかく見に行くことだと思います。行ってみたら想像や他人の評価と全く違うことがありました。本人が行ってみてもいい、と言うところだけを受験校としました。（◐宝仙学園理数インター・女子）

## こうすれば良かった…

◆学校見学の予約が取れずパンフレットのみで受験を決め、入試当日初めて校内に入った学校は、イメージと違った。（●鎌倉学園）

◆安全校は、合格がここだけでも迷わず入学すると断言できる学校を選んでほしい。わが家は2月5日の発表まで安全校しか合格がなく、正直「公立で高校受験の方が…」と思ってしまっていた（併願というよりはお守り校というイメージだった）。（●世田谷学園）

◆現実的に偏差値を見て、2月1日か2日には合格を必ずもらえるように受験するべきだった。（●跡見学園）

◆足を運んで、子どもの感性で雰囲気を感じることが大切だと思いました。近くて通いやすいからという理由で受験した学校は、試験の最中に「ここは違う（受かっても来ない）」と子どもが感じたようです。（●鷗友学園女子）

◆2月1日に安全だろうと思って受験したところに落ちた。その後不合格が続き気持ちの切り替えが大変だった。後の方の日程は募集人数も少なく不安に。偏差値だけでなく募集人数も考えておいた方が良かった。（◐関東学院・女子）

◆通学時間はもちろん気にしていたのですが、始業時間をあまり気にしていませんでした。同じ「1時間半かかる学校」でも始業時間が早いと遅いでは起床時間が全然違います。（◐東洋大学京北・女子）

●男子校、●女子校、◐共学校
（ ）内の学校名は進学先です。共学のみ、子どもの性別を記載。
コメントの内容は進学先のこととは限りません。

上昇気流

# 3

# 出願の仕方

WEB出願が主流となり紙の願書に記入するケースは
極めて少数となりました。
名前や住所等は一度登録すれば済むなど簡略な手続きが増える一方、
志望理由をしっかり書かせる学校もまだ多くあります。
出願の準備から完了までのポイントをご紹介します。

目次

上昇気流 3

# 出願の仕方

## 1 要項の入手・提出書類の準備

受験校が決定したら、次に保護者がやるべきことは、入試要項（願書）を入手し、提出書類を準備することです。

入試要項は、多くの場合は秋の説明会以降に配布・販売され、学校の窓口や説明会などで入手することができます。ＷＥＢ出願が主流になったことで、紙の要項は作らずＨＰからのダウンロードのみの学校もあります。すでに受験を決めている学校だけでなく、少しでも受ける可能性のある学校の要項も早めに入手しておきましょう。

紙の願書はかなり少なくなっていますが、採用している学校もあります。紙の願書の場合、清書する前に下書きは必須ですが、最初に下書き用のコピーをとれば大丈夫なので、願書を複数入手しておく必要はありません。

遠方から受験する場合は、学校ＨＰや電話で問い合わせれば、郵送してくれる学校が大半です。

また、出願時に、小学校の先生に記入してもらう「調査書」や、「通知表のコピー」などの提出が必要な学校もあります。提出書類および提出方法は学校によって異なりますので、要項でしっかり確認しましょう。

### 通知表のコピー

**WEB出願でも出欠日数を入力することも。念のためコピーを**

通知表のコピーの提出が必要な場合、紙で提出するパターンと、WEB上にアップロードするパターンがあります。サイズのほか、どの項目欄をコピー（スキャン）しなければならないのか、両面か片面かなど、学校の指示をしっかり確認。

願書の特記事項として、表彰されたことや出欠日数、委員会活動などを入力（記入）する欄があることもあります。提出予定がなくともコピーをとっておくと良いでしょう。2期制の小学校の場合はコピーをとるタイミングにも注意しましょう。

### 調査書の依頼

**調査書は誠意をもって、早めにお願いしよう**

年々、減ってきてはいますが、国立大学附属校や公立中高一貫校を中心に調査書を必要とする学校はまだあります。

小学校の先生に依頼するときは、先生方の労力と負担を考え、余裕をもっててていねいにお願いしましょう。

2学期（2期制の場合は前期）の評価をした後に書くため、冬休み中に出勤して書く先生も多いようです。

面談のときに調査書がある旨を伝えておくなどし、遅くとも冬休み前には依頼しておきましょう。

●男子校、●女子校、◐共学校
（　）内の学校名は進学先です。共学のみ、子どもの性別を記載。
コメントの内容は進学先のこととは限りません。

## 2 出願方法の確認

現在は大多数の学校がWEB出願を採用していますが、ごく少数ですが、窓口や郵送の学校、またはWEB・窓口・郵送から選択できる学校もあります。選択が可能な場合は各家庭にあった方法を選べばOKですが、出願方法ごとに受付期間が異なるので注意が必要です。また、複数回受験をする場合は同時出願だと受験料が割引になる学校もありますので、要項で確認しておくと良いでしょう。

WEB出願は、インターネットに接続できる環境（パソコン・スマートフォン・タブレット端末など）とプリンターが必要です。自宅にプリンターが無い場合はコンビニのプリントサービスなどを利用しましょう。自宅で出願を完了できるので利便性は高いですが、締め切りギリギリに出願しようとするとサイトが混みあっていてつながりにくいという心配もあります。また、先輩保護者の経験では「多くの学校が同じ出願用サイトを使っていたのでラクだった」という声がある一方で、「同じ出願用サイトでも学校ごとに入力項目が異なるため混乱した」という声も。WEB出願は簡単な分、うっかりミスも起こりがちです。時間に余裕をもち、複数の目で確認しながら進めましょう。

窓口出願は、提出する際に目の前で書類を確認してもらえるので、記入もれや誤記があっても、その場で対処できることがメリットです。受験料は窓口で現金支払いをするケースと、振り込みの控えを添えるケースがあります。

郵送出願の場合、期日が「必着」なのか「消印有効」なのか確認が必要です。「締め切り日」よりも「受付開始日」を意識して発送しましょう。郵便には、配達した事実を証明する「配達証明」や、希望した日に届けてくれる「配達日指定」などのサービスがあります。必要に応じてこういったサービスを利用すると安心です。

## 3 写真を用意する

出願用の写真は、基本的に3カ月以内に撮影したものを使用し、遅くとも年内には用意しておきましょう。服装はなんでも構いませんが、悩ましければ襟付きシャツなどを。メガネをかけて受験するならメガネをかけた状態で撮りましょう。顔がはっきり写るように髪型はさっぱりとしておきます。

写真は願書や受験票に貼付する場合と、データをネット上でアップロードする場合があります。近年はプリントした写真は使わなかったというケースも多いようですが、あらゆる事態を想定してプリントも用意しておくと安心です。

撮影はどこでおこなっても大丈夫ですが、先輩保護者の経験談では、塾の撮影会や塾で紹介している写真館は出願用写真に慣れているのでスムーズだったという意見が多くみられます。

先輩保護者アンケート

### Q 写真で悩んだこと・失敗したことは？

◆アップロード方法に苦戦した。ただ、一度アップロードしてしまえば次から自動反映されるので、楽だった。（●駒場東邦）

◆面接用のブレザーを着て行きましたが、慣れていないため、また当日暑かったため汗をかいてしまい、クールダウンしてから撮影してもらいました。（●鷗友学園女子）

◆塾で撮影したのですが、親のチェックミスで出願ギリギリの納品になってしまった。（●女子学院）

◆近所の写真屋さんに行ったので困ることはなかった。自分で撮る証明写真より金額は高いが確実だった。（●洗足学園）

◆気がのらない時に撮ったせいか、ふてくされた印象の写真になってしまった。（●中央大学附属・女子）

# 4 入力（記入）・出願

## WEB出願

WEB出願では、出願開始日よりも前に受験者情報などの登録をしておくことができる学校がほとんどです。入力できる部分は早めに済ませておきましょう。ただ、志望理由や小学校の出欠日数、併願校の記入など、項目の詳細は出願受付開始後に初めて明らかになるケースもあります。自宅でいつでもできるからと油断せずに、出願受付が開始されたら速やかに手続きをしましょう。

写真は、データをアップロードする場合と、プリントした受験票などに貼付する場合があります。

## 紙の願書の記入

郵送・窓口出願の場合は紙の願書への記入が必要です。願書は、まずは何枚かコピーをとり、下書きを作成しましょう。特に志望理由は、いきなり書くのは難しいもの。文字数や文字の大きさのバランスを見ながらコピーに書き込んでみましょう。下書きを終えたら、記入者以外の誰かに一度目を通してもらうと安心です。

本番の願書への記入では、筆記具は、指定がなければ黒かブルーブラックのボールペンがいいでしょう。こするとインクが消えるタイプのペンはNGです。もし書き間違えたら修正液は使わずに、二重線を引き、訂正印を押して書き直せば大丈夫。書き損じが合否に影響することはありません。

書き上げたら、コピーをとっておきましょう。特に面接がある場合は、記入した志望理由を再確認するためにもコピーは必須です。

## 出願のチェックリスト

### WEB

**確定・送信の前に**

- □ **入力内容に間違いはない？**
  - □ 住所
  - □ 氏名（子どもと保護者の欄の取り違え）
  - □ 生年月日　□ 緊急時の連絡先
  - □ メールアドレス
- □ **入試回・入試科目は大丈夫？**
- □ **支払い方法はOK？**

**出願後に**

- □ **プリントするものは？**（受験票、宛名ラベルなど）
- □ **学校に郵送が必要なものはある？**
- □ **受験時に持って行くものは何？**

### 紙の願書

- □ **願書に不備はない？**
  - □ 捺印　□ 写真
  - □ 記入・チェックもれ
  - □ 誤字・脱字
- □ **願書のコピーはとった？**
- □ **受験料の支払いは済んだ？**
  支払いが済んだら、証明書を書類に貼付するのを忘れずに。控えはしっかり保管する。
- □ **必要書類はそろっている？**
  提出書類を確認する際は、切手が貼付されているかなどもチェックを。
- □ **もう一度、要項を確認**
  思い違いや抜けなどがないか、最後に入試要項をもう一度見直そう。

### 親の教育方針

「これまでの教育方針」「これからの教育方針」の2つを書くのがポイント。前者はしつけなどを、後者は志望校の教育方針をある程度意識して将来の希望などを書く。

### 本人の性格

読んだ人に与える印象を考慮して言葉選びに工夫を。特に短所は、遠回しな表現を使う。「落ち着きがない➡活発で行動的」「引っ込み思案➡控えめで思慮深い」など。

### 併願校

併願校や志望順位は正直に書いてOK。学校は合格辞退者人数の予測のために知りたいだけなので、合否に影響はない。

### 通学経路・通学時間

自宅から学校までの電車・徒歩・バスなどの交通機関と所要時間を記入。電車の乗り換え時間は5分程度で計算し、自宅から学校までの合計時間を書く。

## WEB出願の流れ

●逗子開成（2023年）の場合

STEP

1. 逗子開成ホームページ → 出願サイトへアクセスしてログイン（初回はID登録が必要）
2. 画面の指示にしたがって、顔写真登録・志願者情報を入力
3. 試験選択画面より、受験する試験回を選択
4. 受験料の支払い方法選択・志願者情報登録内容の確認
   - クレジットカード支払い（オンライン決済）→ 6
   - → 5
5. 支払い番号を確認してコンビニ・ATMで支払い
6. 支払い完了メール確認

マイページ

- 受験票・志願票（学校提出用）印刷 → 試験当日、必ず受験票・志願票／健康チェック票（学校提出用）持参
- （帰国生入試の場合）提出書類の郵送

先輩保護者アンケート

## Q 願書の入力・出願手続きで悩んだこと・失敗したことは？

◆保護者名は父にしましたが、連絡先は母だったので、いいのかな…と思いました。（●栄光学園）

◆志望順位を書く学校がいくつかあり、悩んだが、本当の順位を記入しました。（●駒場東邦）

◆初めて（1校目）の出願をする前はどのくらい大変なのか、うまくできるかイメージがわかず少々不安であった。（●駒場東邦）

◆複数回同時に出願すると減額される学校や、後から受験しなかった分の返金がある学校等、色々なパターンがあり迷った。（●跡見学園）

◆面接が早く終わるように早い番号を取りたかったが、よく確認しながら申込ボタンを押したところ、思っていたよりかなり遅い番号になってしまった。（●）

◆字数指定のある項目は指定された字数で下書きをして準備していたが、漢数字やカタカナを使っていたせいか入力制限にひっかかり、何度も修正が必要となり大変だった。いくつかのパターンで字数を組んだ文章を準備するとよいかも。（●）

◆操作に時間制限のある学校もあったので、紙やワードで下書きした。（●日本女子大学附属）

◆学校により入力項目が違うので、説明会などで事前に確認して用意しておいた方が良いです。（●中央大学附属・女子）

◆受験のパターン（科目や受験日）が多い学校は迷ってしまった。（●東京電機大学・男子）

◆住民票と同じ表記が良いのか数字か漢字かなど、細かいことが気になった。小学校からの報告書入りの封筒が受験中学からの指定の大きさの封筒より大きかった。封筒の端を折るなどして工夫して入れた。（●・女子）

## 志望理由を書く・入力する

志望理由の記入（入力）欄は、「入学したい」という熱意を伝える場。保護者が教育理念や校風をどう解釈しているか、何に期待しているかなどを書きましょう。「校風が良い」といった抽象的な言葉ではなく、説明会や文化祭など学校訪問時の体験をもとに、具体的なエピソードを交えて書くといいでしょう。文章は常体（だ・である）ではなく、敬体（です・ます）で書きましょう。

WEB出願の場合も、いきなり志望理由を入力するのは難しいものです。事前に文字数を確認してパソコン上で文章を作っておき、出願時にコピー&ペーストするといいでしょう。

## 志望理由を書く（入力する）際の手順

### 1 魅力を感じた点を箇条書きに

その学校のどこに魅力を感じたのか、なぜ受験しようと思ったのか、教育理念のどの部分に賛同しているのかなどを箇条書きに。

### 2 具体的なエピソードを思い起こす

説明会や文化祭など実際に学校訪問した際に感じた在校生や先生の印象、記憶に残った話、展示内容など、具体的な内容で肉付けを。

### 3 親としての思い、子どもの気持ちを言葉にする

**2**を踏まえて「子どもにどう成長してほしいか」に触れてもOK。受験生本人がその学校に惹かれている点やその理由を加えても良い。

### 4 記入欄・文字数におさまるように調整する

具体例を調整しながら、記入欄の大きさや指定文字数に合うように調整。紙の場合は字の大きさ・バランスなどもチェックして。

### 5 書いた本人以外の人にも見てもらう

誤字・脱字などの最終チェックは書いた本人以外の人にも確認してもらい、ダブルチェックを。家族で協力してミスがないようにしよう。

### 6 記入（入力）後はコピーをとっておこう

記入後は、紙の場合はコピー、WEBの場合はスクリーンショットやプリントしておく。面接がある場合は、志望理由をもとに質問されることもあるので面接前に確認して、発言が食い違わないよう注意を。

先輩保護者アンケート

### Q 志望理由を書く際に大変だったことは？

◆志望動機を親が書くのか子どもが書くのかわからない学校があり迷った。結局親が書いた。（●巣鴨）

◆事前に準備してコピペするだけにしていましたが、読み返すと、これで大丈夫かと不安になり、何度も直しました。早目に準備すると良いと思います。（●）

◆併願校の志望動機はあまり深く考えていなかったので、出願時にあせりました。第1志望校以外でも、入力項目をチェックしておくべきだったと反省しました。（●吉祥女子）

◆志望理由を50字以内で書くというもの。50字は思った以上に少なく、まとめるのに苦労しました。（●）

◆志望理由を悩んだので、塾の先生に見せて直してもらった。（●）

●男子校、●女子校、●共学校
（ ）内の学校名は進学先です。共学のみ、子どもの性別を記載。
コメントの内容は進学先のこととは限りません。

先輩保護者アンケート

# 志望理由の実例集

※ 2023年入試で、先輩親子が実際に書いた「志望理由」です。項目名は学校により異なります。「備考」や、「家庭の教育観」として記入した内容の場合もあります。出願方法、提出書類の変更などにより2024年入試では記入の必要がないこともあります。

## ●駒場東邦

文化祭で接していただいた生徒さん（先輩）が活き活きしていて魅力的であったこと。学校説明会や私学の中身を知る会で説明いただいた先生方もすごく魅力的でこの学校で6年間仲間たちと切磋琢磨することで成長していきたいと思った。

## ●芝

息子は、説明会や男子校フェスタに参加し、とにかく学校生活を楽しく過ごせそう、というわくわく感から志望しているようです。親としては、子供の人格形成の成長を促す教育方針に共感しており、個別で先生からお話を伺った際も、息子本人に丁寧に向き合っていただいたことが印象深く、是非6年間お世話になりたいと志望した次第です。

## ●浦和明の星女子

**【志望理由】**

何度か説明会に参加させていただきましたが、校長先生の「ほんとうの私」「ありのままの私」のお話に非常に感銘を受けました。また文化祭に参加した際は在校生の皆様が目を輝かせて私共に展示物の説明をしてくださったり、また皆様自身がとても楽しんでいる姿を拝見することができ、娘もその一員になれたらと魅力を感じております。

生徒一人一人がそれぞれ違う事を認め合い、お互いに助け合う事で六年間充実した学校生活を送る事を希望し、貴校への入学を志望いたします。

**【小学校6年時の生活状況について（学校での様子）】**

最高学年としての学校生活をとても楽しんで過ごしております。秋の運動会ではソーラン節のダンスリーダーを務め、自分が振付を覚えるだけでなく、他の生徒への指導計画を立て、それぞれの状況に応じてフォローを行っておりました。クラス一丸となって踊ることができた運動会当日は非常に充実感を感じたようです。他にも日々の授業では積極的に意見を発表したり、すすんで当番活動に取り組むなど楽しく活動しております。

**【小学校6年時の生活状況について（ご家庭での様子）】**

学校生活と塾との両立で忙しく過ごしている中でも、料理を楽しんだり、絵を描くことでリラックスした時間を過ごしています。また弟の趣味の天体観測に付き合って、東京の空の下でも観測できる四季折々の星空を楽しんでいます。

## ●鷗友学園女子

・通っていた小学校が6年間稲作活動をする学校で自然豊かな環境だったこともあり、鷗友学園の園芸の授業に興味を持ったこと。

・生徒が必ずすれ違う際にあいさつをしてくれる学校の雰囲気に惹かれたこと。

## ●湘南白百合学園

| | |
|---|---|
| お子様に対する家庭の教育観など（150文字以内） | 娘の名前には[redacted]のようにたとえ目立たなくても誰かの役に立つように、そしてそこにいるだけで気持ちが安らぐ花のようにという願いを込めております。神さまからいただいたタレントに、娘自身が気付き、生かしていけるように導いていきたいと思っております。 |
| ご本人が長く継続して頑張っていること（150文字以内） | ４歳からクラシックバレエを始め、５年生まで続けておりました。受験勉強に専念したいと本人が決断し、レッスンはやめてしまいましたが、ストレッチだけは今でも毎日就寝前に欠かさず続けています。 |

## ●日本女子大学附属

**保護者・自由記載欄**
**（志望動機、お子様の長所など自由にお書きください。入力、手書き、どちらでも結構です）**

何度も貴校を訪問し、その度に感じる四季折々の風景と、その中で学んでいる生徒さん達の主体的に勉学に励み活動する姿勢を見て、娘に入学してほしいと思いました。娘は小学校生活で、放送委員長や音楽会の司会を務めました。友人や他学年と協力して一つの物事を作り上げる達成感を得たことで、さらに貴校の自治活動に参加したいと、強く思ったようです。私達は娘が社会人となったときに「自分で考え、自分の言葉で語れる、他人を尊重できる人になってほしい」と考えています。貴校の壁一面に貼られた生徒さんのレポートや新聞には目を見張るものがあり、大変感動いたしました。娘も人生の礎となる中学・高校生活の6年間を日本女子大学附属中学校・高等学校で学び、自分自身を高めてほしいということが志望理由です。

**自己紹介欄**　**（小学校生活のようす、中学生になったらやりたいことなど、志願者本人が鉛筆で書いてください）**

私は中学生になったら弦楽合奏クラブや十月祭の委員会を頑張りたいと思っています。私は音楽が好きなので、小学校のクラスで合奏をしたのが楽しい思い出になりました。授業でもバイオリンを扱うと聞いていますが、他の弦楽器にもふれ、音楽の世界を感じたいと思います。また私はイベントの司会をしたいと思っています。十月祭の委員会などを務めることで、お客さんにより楽しんでもらいたいと思いました。以前十月祭に行ったとき、生徒さんが講堂までの道を親切に教えてくださいました。私も日本女子大学附属中学校に入学し、優しく接することのできる人になりたいと思います。

## ●フェリス女学院

家庭での教育及び学校生活において、特に留意してきた事を書いてください。

子どもには「自分の考えや気持ち」「人に対して思いやりの心を持つこと」を大切にしてほしいと願ってきました。また相手の気持ちを考えてから行動するように話してきました。学校生活を送る中で自分の考えをしっかりと持ちながら、人の意見にもよく耳を傾けている姿がみられました。今後も自らが行いたい活動・学びを尊重し、自らが決めたことに対して責任を持って取り組む姿勢を大切にしたいです。

本校への入学を志願される理由を、保護者及び志願者本人が詳しく書いてください。

保護者：貴校を志望した理由は、生徒一人ひとりを見守り応援する姿勢を強く感じたからです。説明会に参加させていただいた際に、教員室前のベンチでは「生徒と一緒に同じ方向に歩いていくように向かいあわずに外を見ながら対話できる」というお話を伺いました。生徒を大切にする姿勢を強く感じると共に、先生が生徒との対話をとても大切に楽しそうにされていることを感じました。これからの6年間を貴校で過ごし、互いの個性を尊重し大切にしつつ意見を交わすことができる環境で成長を願います。

志願者本人（鉛筆で記入）：個人の考えが尊重されていて、お互いの意見を大切にしながら学ぶことができる環境にあるため成長できると感じました。また、文化祭を見学したときに、先生方は見守るだけで、先輩方が中心になって行動していたので、自分も自立し、大きく成長できると思い、入学したいです。

## ●聖園女学院

<本学院へのメッセージ>

学校説明会に娘と伺ったときに、先生方や生徒さんが温かく迎えてくださり、その穏やかで丁寧な校風に大変心が安らぎました。娘は消極的な性格ではありますが、自分に不利なことであっても他人のために動くことができる優しさを持っております。聖園女学院でなら、娘が安心して神さまからいただいた自分のタレントを見つけ、生かすことができるだろうと思い志望いたしました。

## 5 受験料の払い込み

受験料の払い込み方法も学校によってまちまちです。WEB出願の場合はコンビニ支払い、クレジットカード、ペイジーから選択する場合が大半ですが、それぞれ手数料が異なりますので注意しましょう。また、払い込み後に確認メールが送られてくる場合、払い込み方法によってメール到着までの時間に多少差があるようです。

窓口・郵送出願の場合は、銀行や郵便振り込みが大半です。受験料の払い込み期間が、出願期間と異なる場合もあるので注意しましょう。金融機関窓口での振り込みの場合は、営業日時に注意を。

### 払い込み方法いろいろ

| | |
|---|---|
| コンビニ支払い | 支払い方法はコンビニにより異なるが、端末機から出力された「申し込み控え」や「確認番号」などを持ってレジへ。収納証明書は必ず受け取ること。 |
| クレジットカード | 時間と場所を選ばずに手続きができ、決済完了も比較的早く便利。ただし手数料が高めなので注意。事前に利用限度額の確認も。収納証明書などはプリンターで印刷する。 |
| ペイジー | 主にWEB出願の場合に、ペイジーを選択できる場合も。ペイジー対応金融機関のＡＴＭか、学校によってはネットバンキングで支払うことができる。ペイジーを選択すると金融機関の窓口では支払えないので注意。 |
| 銀行振込 | 学校指定の用紙を使い、受験生の氏名で手続きする。基本は窓口だが、ATMもOKな学校も。振込先と同じ銀行からだと手数料が安くなる。時間によっては「翌日扱い」になるので注意。 |
| 郵便振替 | 学校指定の用紙を使用。通常振替の場合、窓口ではなくATMなら手数料が安いだけでなく、土日・祝日も利用できる。 |

## 6 出願後は受験票をしっかり保管

受験票に記載されている受験番号は、入試はもちろん、入学手続きの際にも必要となります。WEB出願の場合は、自分でプリントした用紙となることも多いので、他の資料と紛れがちです。受験票を発行したら、学校ごとの書類保管用ファイルや、受験票用のクリアファイルに入れるなど、わかりやすく保管しておきましょう。

また、受験票の画像等をスマホにも保存したり、受験番号を手帳に控えるなど、保護者は受験番号を必ず手元に持っておきましょう。

先輩保護者アンケート

### Q 受験料の払い込みに利用した支払い方法は？

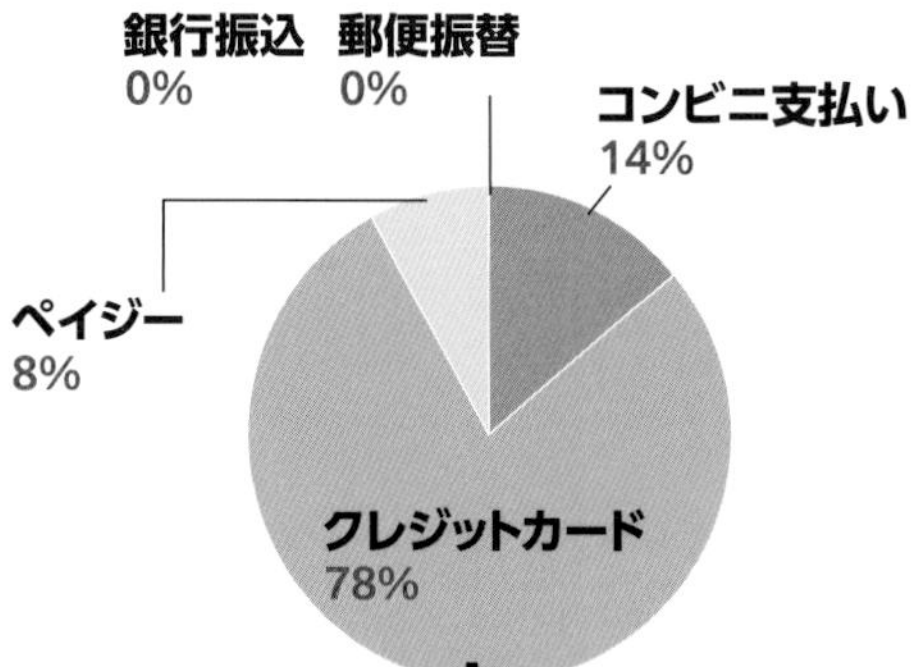


**クレジットカードのメリット・デメリット**

◆早く確実に入金するためにクレジットカード決済をしたが、手数料が高かった。早い受験番号をとりたい時はコンビニに行っている時間もないので、やはりこれでよかったのかも。（●浅野）

◆クレジットカードは日常生活においても利用しているため慣れている。（●駒場東邦）

◆願書入力を夜遅くにすることが多かったので、その場で入金処理完了できるクレジットカードにした（ゆっくり落ち着いてできるから）。（●洗足学園）

◆その場で支払いが確定するので、早い受験番号をとることができました。デメリットは特に感じませんでしたが、カードの限度額上限には気をつけていました。（●東邦大学付属東邦・男子）

●男子校、●女子校、●共学校
（ ）内の学校名は進学先です。共学のみ、子どもの性別を記載。
コメントの内容は進学先のこととは限りません。

上昇気流

# 4

# 11月から入試当日までの過ごし方

**健康管理は、保護者のいちばん大事な仕事といってもいいかもしれません。万全な状態で本番を迎えるために、食事、生活リズム、感染症対策などに気を配りましょう。**

目次

上昇気流 4

# 健康管理・メンタルケア

## 生活全般

入試本番に向けてベストコンディションをつくっていくために、食事・睡眠などのリズムを整えつつ、ストレスをためない日々を心がけましょう。

### 入試に向けて生活リズムを整えよう

入試が近づき、気持ちが落ち着かなくなってくる時期だからこそ、「普段どおり」の生活を心がけることが大切です。〝受験生だから〞と無理をしたり特別なことをしたりせず、食事・睡眠をきちんととり、規則正しく過ごしましょう。

冬休み前後は、入試本番に向けて生活のリズムを整える最後の機会。朝が早い入試本番に備えて、できれば朝型に切り替えていきたいものですが、早起きがかえってプレッシャーになるようなら、本人に合ったペースで構いません。

とはいえ睡眠はしっかりとりたいので、夜はできるだけ早く寝るようにしましょう。

それから、朝食はしっかり食べること。食事をはじめ、毎朝決まった時間に排便することなどは、入試当日に照準を合わせてコンディションを整えていくうえで、欠かせない習慣です。

### 家庭内の雰囲気づくりは家族全員が協力

入試を目前にすると、徐々に家庭内の雰囲気も緊張感を増してくることでしょう。ピリピリした空気では、受験生に悪い影響を与えかねません。家族みんなが協力し

先輩保護者アンケート

**Q 朝型に切り替えた？**

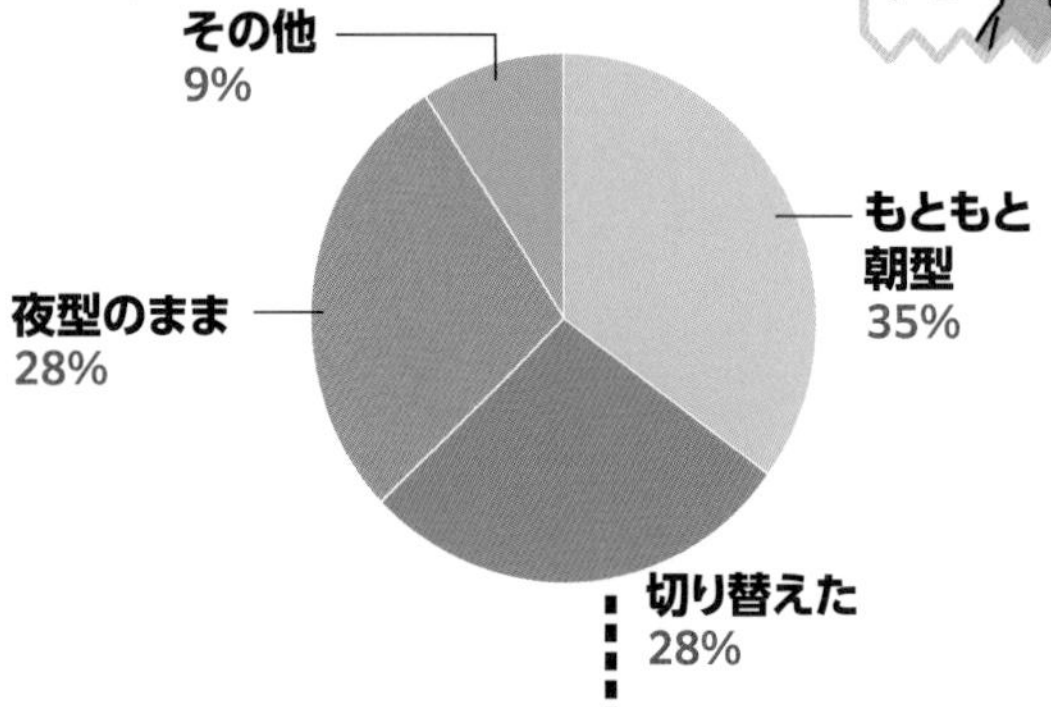
もともと朝型 35%
切り替えた 28%
夜型のまま 28%
その他 9%

**Q いつ頃から？**

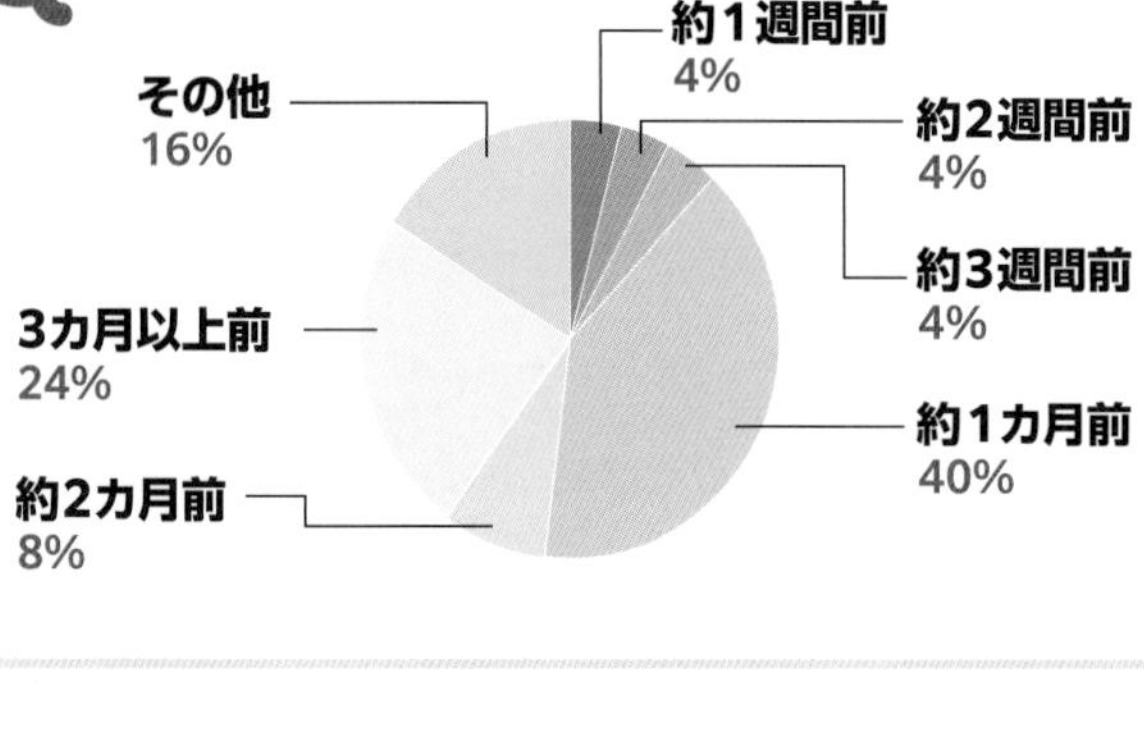
約1週間前 4%
約2週間前 4%
約3週間前 4%
約1カ月前 40%
約2カ月前 8%
3カ月以上前 24%
その他 16%

合って、明るい雰囲気を心がけましょう。

保護者が不安がっていたり焦っていたりすると、それは受験生に伝わってしまいます。どうしても不安になったら、同じ受験生をもつ保護者同士でおしゃべりするなどして、ストレスを発散しましょう。またこの時期は、受験生が体調を崩したら、無理をさせずにゆっくり休ませてあげましょう。

年が明けるといよいよ埼玉などの1月入試が始まります。小学校の友達に会うのは気分転換にもなるので、本人の体調や感染症の流行などに不安のない限りは、できるだけ休まず小学校に通うのがいいでしょう。

なお、入試前日の過ごし方は各家庭によってさまざまです。家族団らんでリラックスしたい子や、最後まであきらめずに机に向かっていたい子、拍子抜けするほど普段どおりの子もいれば、緊張して寝つけないという子もいるかもしれません。翌日に向けてベストな状態にもっていけるように、それぞれの受験生に合った、本人が過ごしやすい環境や雰囲気づくりをしましょう。

## 過ごし方のポイント

1 **普段どおりの生活を心がける**

2 **できるだけ早く寝て、睡眠時間を確保する**

3 **朝食をしっかりとり、生活リズムを整える**

4 **手洗い・うがい、マスクの着用などで風邪予防も**

5 **入試直前も、小学校にはできるだけ休まず通う**

## 小学校はどうしたらいい?

### 原則は休まないいつもどおりの生活を

中学入試は平日にも行われるので、入試当日には小学校を休むことになります。受験する日程がほぼ固まったら、入試日の1週間前までを目安に小学校に欠席届を提出しておきましょう。

入試直前の時期に小学校をどうすべきか、悩む保護者も多いようです。原則は「小学校は休まずに、いつもどおりの生活を送る」です。

この数年は新型コロナウイルスの影響で「1月はほぼ休んだ」というご家庭も多かったようです。24年入試に向けてはインフルエンザの感染拡大も懸念されており、状況によっては無理せず休むことも必要となるかもしれません。その場合は、学校の時間割と同じ時程で学習するなど、生活リズムが乱れない工夫をしましょう。

保護者が学習につきっきりになったり、食事時間や睡眠時間をずらしてまで学習にのめり込んだりするような生活は過度なストレスを招き体調を崩す原因にもなります。受験生の心身の状態と周辺の状況をよく鑑みた判断が必要です。

先輩保護者アンケート

### Q 入試直前に小学校を休んだ?

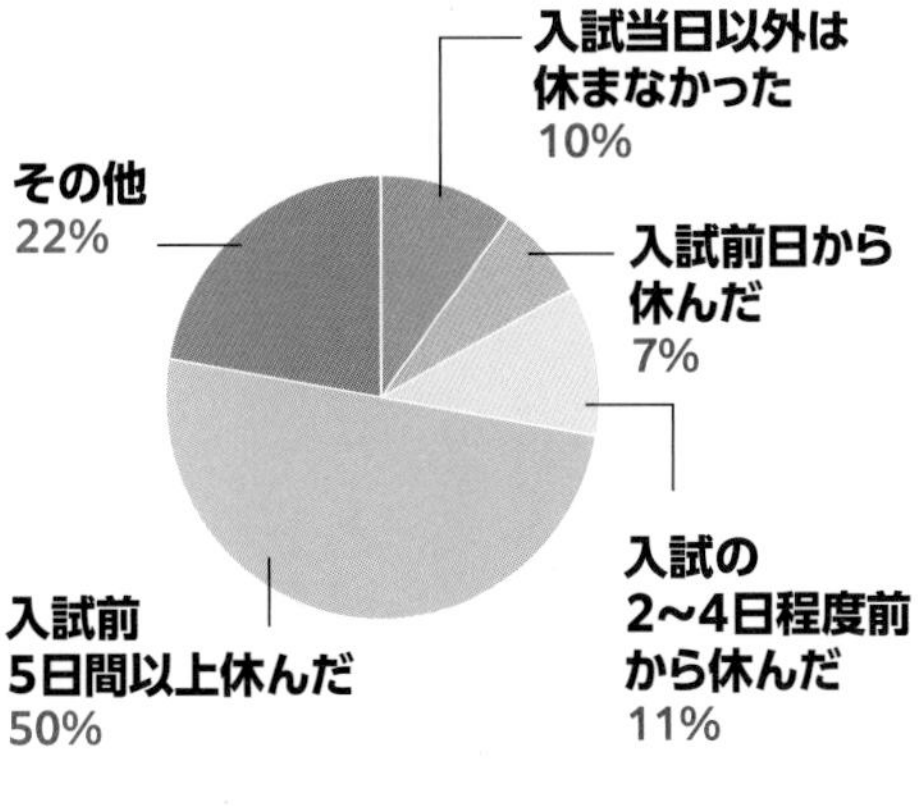
入試当日以外は休まなかった 10%
入試前日から休んだ 7%
入試の2~4日程度前から休んだ 11%
入試前5日間以上休んだ 50%
その他 22%

# 感染症予防と食事

## 規則正しい生活と手洗い、うがいなどの習慣を

　これからの季節は風邪やインフルエンザを中心とした感染症の流行が拡大します。これらの感染症から身体を守るには免疫力を上げることが大切。そのためにも十分な睡眠とバランスのよい食事、そして適度な運動で健康な身体を維持しましょう。

　感染症の予防は、まずは感染を防ぐことから。人混みを避け、外出時に使用するマスクはできるだけ、顔にフィットする不織布のマスクがよいでしょう。こまめな手洗い、うがいも必須です。

　ノロウイルスは生ものや貝類、特に牡蠣などの二枚貝から感染することが多く、感染力が強いため家族の誰かが感染すると家庭内に拡がってしまいます。家族も含め入試前1カ月程度は生ものや貝類は控えた方が安心です。

　インフルエンザの予防接種は、インフルエンザの流行を抑えるという目的からも重要となります。受験生本人はもちろん、同居する家族も可能ならば接種しましょう。

## 身体を守り、脳を働かせる直前期の食事のポイント

　この時期の食事では、胃腸に負担のかかる油っこいものや食中毒の心配のある刺身などの生ものはできるだけ避けた方が安心です。おすすめは、お肉や魚といろいろな野菜が入ったスープや煮物、鍋料理などです。野菜を無理なくたっぷりとることができ、身体も温めてくれます。この基本をふまえて、積極的にとりたい食材なども解説していきましょう。

　学習にも熱が入るこの時期。質のよい学習とするためには、脳の唯一のエネルギー源であるブドウ糖が不足しないように、炭水化物を十分にとりましょう。ブドウ糖はでんぷんが体内で分解されたもの。ご飯・パン・麺などの主食をしっかり食べる必要があります。また、ブドウ糖は身体の中にためておくことができないため、朝目覚めた時点では脳のブドウ糖の血糖値が低くなっています。朝食を食べてでんぷんを補給すると、脳が目覚めて活動し始めるのです。一日のスタートである朝食は欠かせません。

　このほか、思考力、記憶力をアップさせるのに必要な物質であるDHAを多く含む青背の魚や、脳を活性化し疲労を回復するビタミン$B_1$が豊富な豚肉なども積極的に食事にとり入れましょう。

　感染症を予防するには身体の免疫力を高める必要があります。免疫力を高めるのに有効な主な栄養素は、たんぱく質、ビタミンA、

先輩保護者アンケート

### Q 健康管理で日頃から心がけたことは？

◆マヌカハニーを家族全員毎日食べた。遅くても22時までには寝るようにした。予防接種は家族全員行った。必ずマスク着用。殺菌力が高いソープで手洗い。バランスの良い食事。（●駒場東邦）

◆不必要な外出を控えた。（●城北埼玉）

◆食中毒にならないよう調理器具の消毒。（●武蔵）

◆手洗い・マスク・うがいなど基本的なもの。（●湘南白百合学園）

◆十分な睡眠、栄養バランスの整った食事。（●女子学院）

◆日常の習慣を崩さないこと。（●東京都市大学等々力・男子）

◆前々日まで登校することで生活のリズムを崩させない分、手の消毒等、感染リスクに気を付けた。免疫力を上げると言われる食材を取り入れるようにした。（女子）

●男子校、●女子校、●共学校
（ ）内の学校名は進学先です。共学のみ、子どもの性別を記載。
コメントの内容は進学先のこととは限りません。

ビタミンCなどです。ビタミンAは粘膜を丈夫にしてくれる働きがあり、鼻・喉などの粘膜を強くすることでウイルスの侵入を防ぐことができます。ビタミンAは緑黄色野菜や魚、レバーなどに多く含まれています。ビタミンCはキャベツや白菜などの淡色野菜、みかんなどの柑橘類、いも類に多く含まれています。ビタミンCは熱に弱く加熱で分解されてしまいますが、じゃがいもやさつまいもなどのいも類はビタミンCがでんぷんで守られており加熱後も壊れません。寒さの厳しい時期にはポタージュや温かい煮込み料理にしてたっぷりととりましょう。

入試本番が近づいてくると、緊張感からストレスもたまりやすくなり、ストレスがたまると免疫機能も低下してしまいます。神経の興奮を鎮める作用があるのはカルシウム、マグネシウムなど。牛乳・乳製品はカルシウムを多く含み吸収率もよいので、カルシウム補給として牛乳、チーズ、ヨーグルトなどを毎日とりましょう。マグネシウムは大豆や大豆製品、ホウレン草、イカ、タコなどに多く含まれています。豆腐の味噌汁などは神経が高ぶりやすい入試当日の朝食にも最適です。

ここに紹介した栄養素や食材は、いろいろな食品を組み合わせることで互いに影響し合って働き、力を発揮します。主食・主菜・副菜をそろえて、偏食せずあらゆるものをとり入れるのがバランスのよい食事の基本です。また、緊張感の高まる日々の中で、食事はリラックスできる貴重な時間です。ホッとしたり気分が上向いたりするような、受験生の好きなメニューを選んであげることにも留意するとよいでしょう。

### 感染症予防のポイント

1 手洗い・うがい、マスクの着用を励行する

2 インフルエンザの予防接種を受ける

3 室内の温度・湿度を適度に保つ

### 食事のポイント

1 生もの、油っこいものは避ける

2 主食・主菜・副菜をそろえて偏りのない食事を心がける

3 入試当日の朝食は炭水化物をしっかりとる

先輩保護者アンケート

### Q 入試直前の食事で気をつけたことは?

◆鍋など必ず火を通して温かいものを出しました。（●栄光学園）

◆野菜や果物多めのバランスのよい食事をとること。（●開成）

◆生ものを食べさせない。消化のよいものを食べさせた。（●武蔵）

◆生ものは食べず、和食。特に朝食はしっかり和食を食べさせた。（●女子学院）

◆1日3食、きちんと食べること。（●田園調布学園）

◆子どもの好きな物、消化に良いもの。（●中央大学附属・女子）

◆変えてしまうとかえって緊張させると思い、普段通りの食生活を心がけました。（●●桐光学園・男子）

◆冷たい物や消化が悪い物は出さない。温かい物を出す。免疫力アップのヨーグルトは毎日飲ませました。（●東洋大学京北・女子）

# メンタルケア

**入試が近づくと、受験生も保護者も不安や焦りがつのり、家庭内の雰囲気はピリピリしがち。充実した気持ちで受験に向かえるよう、家族みんなで協力し合いましょう。**

## 子どもの気持ちを優先し、サポートしよう

この時期になると、受験生本人はもちろん、保護者にも不安や焦り、緊張が出てくると思います。心配のあまり「もっとがんばりなさい」「これでは受からない」などと言ってしまうこともあるかもしれませんが、こうした言葉は受験生を追いつめてしまいます。感情的に発言しそうになったらひと呼吸おいて、「あなたならもう少しできると思うよ」「間違えたらその理由を考えよう。間違いは必ず次につながるから」と、本人の立場に立った言葉をかけてあげましょう。言葉を選び、言い方を変えるだけで受験生の気持ちも楽になるはずです。

時には「受験が終わったら家族で旅行しようね」「中学校の生活楽しみだね」など、受験終了後の話をしてみてもいいでしょう。きっと受験生のモチベーションアップにつながります。

受験生だからといって、学習だけでは効率も上がりません。適度に休憩時間を設け、その時間には子どもが一番リラックスできることをさせて、静かに見守ってあげることも大切です。

## 保護者もストレスをためないよう息抜きを

子どもは保護者のネガティブな感情を敏感に感じとってしまうので、保護者はできるだけ弱気な様子を見せないようにしたいものです。ストレスをためこまず、受験生の前ではいつも笑顔でいられるように、子どもが学校や塾へ行っている間などに、保護者も息抜きの時間を作るようにすると良いでしょう。

不安な時には夫婦で話をしたり、祖父母や塾のスタッフに聞いてもらったりして、一人で思いつめないようにしてください。

入試直前は体力的にも精神的にもハードです。お互いを思いやり、家族で協力し合って乗り切りましょう。

## メンタルケアのポイント

1. 発言が感情的にならないように気をつける
2. 受験終了後や、中学入学後の話などをしてモチベーションアップ
3. がまんせず、適度に息抜きをすることも大切
4. 何事もマイナスに捉えず、前向きに考える
5. 家族みんなで協力する

●男子校、●女子校、●共学校
( ) 内の学校名は進学先です。共学のみ、子どもの性別を記載。
コメントの内容は進学先のこととは限りません。

先輩保護者アンケート

# Qメンタルケア法・リラックス法は？

## 受験生

◆好きな電車の動画を見る、ぬいぐるみと遊ぶ。（●浅野）

◆算数を解き続けていました。（●栄光学園）

◆外でキャッチボールをして切りかえていました。（●栄光学園）

◆塾で先生や友人が書いてくれたメッセージを読む。（●駒場東邦）

◆受験後のことを考えた。ゲーム・外遊び放題だ！など。風呂で大声で歌う。（●芝）

◆大好きなぬいぐるみをたくさん集めて一緒に寝ていた。（●芝）

◆ゲームは続けた。ただし3分で勝敗が決まるものなど切りかえやすいもののみ。（●逗子開成）

◆毎朝、同じ時間に起きて、神社まで散歩してリラックスしていた。（●世田谷学園）

◆お風呂。（●浦和明の星女子）

◆好きなアーティストやアニメの動画などを見ました。（●晃華学園）

◆塾で友達や先生とたくさん話してたくさん笑う。（●品川女子学院）

◆好きな音楽を聞く。ノートを見て、がんばった自分を確認して自画自賛。（●湘南白百合学園）

◆推しを拝む。おいしいもの食べる。ゲーム。（●女子美術大学付属）

◆受験が終わったらディズニーに行く約束をしていたので、ディズニーの動画を見てテンションを上げていた。（●聖セシリア女子）

◆学校を休んでいたので一緒に昼食を作ったりした。（●洗足学園）

◆塾の友達とおしゃべりする。（●東京電機大学・男子）

◆ケーキなど間食タイムを思い切り楽しむ。（●●桐光学園・男子）

◆友人とゲームする（オンラインで会話しながら）。（●宝仙学園理数インター・女子）

## 保護者

◆少し高いデザートを食べる、好きな音楽を聞く。（●浅野）

◆あまり考えず自分がやっていること（家事など）に集中する。（●開成）

◆推しキャラクターのグッズを見て癒された。（●鎌倉学園）

◆お風呂ではドラマを見たりしてリラックスした。（●芝）

◆寝る。（●成城）

◆自分の不安は子どもには見せたくないので、SNSに書き込んで同じ境遇のママさん達に励ましてもらった。（●世田谷学園）

◆不安になったら、持ち物など、当日の準備を確認し、大丈夫と自信をつける。（●カリタス女子）

◆もう少しで親子げんかが終わる。この苦しみが一生続くわけじゃないと自分に言いきかせていました。（●品川女子学院）

◆タイムスケジュール（自分用）をひたすら見て、大丈夫と言いきかせていた。（●女子学院）

◆性格上、リラックスなどは出来なかったので「死にやしない」「終わりが来る」と自分に言いきかせた。（●女子学院）

◆AM・PM各1回、親子で一緒にラジオ体操。（●洗足学園）

◆子どもを信じる（しかなかったです）。（●中央大学附属・女子）

◆『進学レーダー』等、受験経験者の体験談などで情報を収集しました。（●●桐光学園・男子）

◆深呼吸する。趣味のことをする。受験前に始めた編み物が、無心になれるので良い気晴らしになりました。（●東邦大学付属東邦・男子）

◆仕事をする（受験を忘れる）。（●宝仙学園理数インター・女子）

◆受験前3カ月くらい、日めくりカレンダーに応援スローガンを毎日分書いてめくっていった。（●早稲田実業学校・女子）

# Q 受験生活をポジティブに乗り切るための「わが家のヒケツ」や「モットー」は？

◆1月に入ってから本人は小学校を休んでいましたが、母は仕事が休めなかったため、かえって一緒に過ごしてイライラしてネガティブな声かけなどをすることなく済みました。（●浅野）

◆受験が終わったらやりたいことをホワイトボードに書きためました。（●浅野）

◆できる限り家族全員で食事をとり、賑やかに話ができるようにした。（●栄光学園）

◆間違えた問題やできなかった問題があっても「入試の当日じゃなくてよかった！」と考える。（●開成）

◆最後まで志望校の偏差値に届くことがなく息子は自信がない感じでしたが、模試は模試、本番は本番、偏差値と合否はイコールではないと言い続けた。（●駒場東邦）

◆「どの学校も楽しいぞ」。受験当日以外は塾には行く（こもりきりになるので気分転換に）。十分な睡眠時間は確保する。（●芝）

◆どの学校も第1志望。どこに進んでも成功。（●成城）

◆とにかく「言霊」を大事にした。「絶対できる」「天才!!」「合格間違いなし」など、ポジティブな声かけをしていた。（●世田谷学園）

◆「他人の失敗を望まず、応援する。そうすれば自分に返ってくる」という意味合いのことを言っていました。（●鷗友学園女子）

◆冬休みの宿題で書き初めがあり、ベタですが「絶対合格！」や学校名を書いて部屋に貼っていました。（●大妻中野）

◆直前になったら、「一週間後には受験がすべて終わっているんだ」という気持ちになり、「だから一日一日がんばろう！」と落ちついていられた。（●カリタス女子）

◆ほめれば伸びる子だったので「すごいじゃん」「この問題難しいのに正解してる。さすがだね」など、他人が聞いたら親バカだと思われるくらいほめました。（●品川女子学院）

◆勉強一色になってしまう時期なので、お守り集めをして、安心だね、とみんなで言い合って落ちつかせていた。（●女子学院）

◆受験が終わったらやりたいことを紙に書いてモチベーションを上げるようにした。ディズニーに行くのを楽しみにしていたので「あと少しでミッキーに会えるよ」など声かけした。（●聖セシリア女子）

◆ノートをつくって、励ましのメッセージを家族で書いていた。マイナスなことは言わない。（●田園調布学園）

◆小学校へも休まず通って、友達と会うことでリラックスしていた。とにかく受験だからと特別なことはせず、いつも通りの生活をする。（●富士見）

◆ここまでこられた時点で受験は成功した、と考え子どもにも伝えていました。（●市川・男子）

◆「努力は裏切らない」これまでの12年の人生で、本人が頑張った時は必ず良い結果だったことを言いきかせていました。（●東京電機大学・男子）

◆すべて不合格になったとしても死ぬわけじゃない、失敗ではなく不合格という経験ができるだけだということをよく話していました。（●東邦大学付属東邦・男子）

◆「あの道が春からは通学路になる」「つらいと思った数は、それだけ君が諦めなかった数だ」など。（●早稲田実業学校・女子）

●男子校、●女子校、●共学校
（ ）内の学校名は進学先です。共学のみ、子どもの性別を記載。
コメントの内容は進学先のこととは限りません。

上昇気流

# 5

# まだ伸びる！追い込み学習法

**入試本番まであと90日。**
**「もう成績アップなんて……」とあきらめていませんか？**
**受験生の力は、今からが最も伸びる時期。**
**直前のこの時期に効果的な学習法をご紹介しましょう。**

目次

# 直前学習法

## 過去問対策とすき間時間の活用で得点アップ！

入試本番まで3カ月。志望校もほぼ決まり、すでに過去問にも取り組み始めていることでしょう。でもまだ思うように解けず、「このままじゃまずい！」と感じている受験生も多いと思います。焦らず対策をしていきましょう。

過去問に取り組むことで、志望校の出題傾向を知ることができるのはもちろん、解いたあとのふり返りにより、いま自分に足りないものは何か、これからどういった対策をすればいいのかといった課題を発見することができます。ただ解いて終わりにせず、ふり返りで課題を見つけてその克服方法を考えましょう。直前期のふり返りでは特に、自分の間違え方のパターンを確認することも重要です。

先輩保護者アンケート

### Q 11月以降、成績（偏差値）に変動はあった？

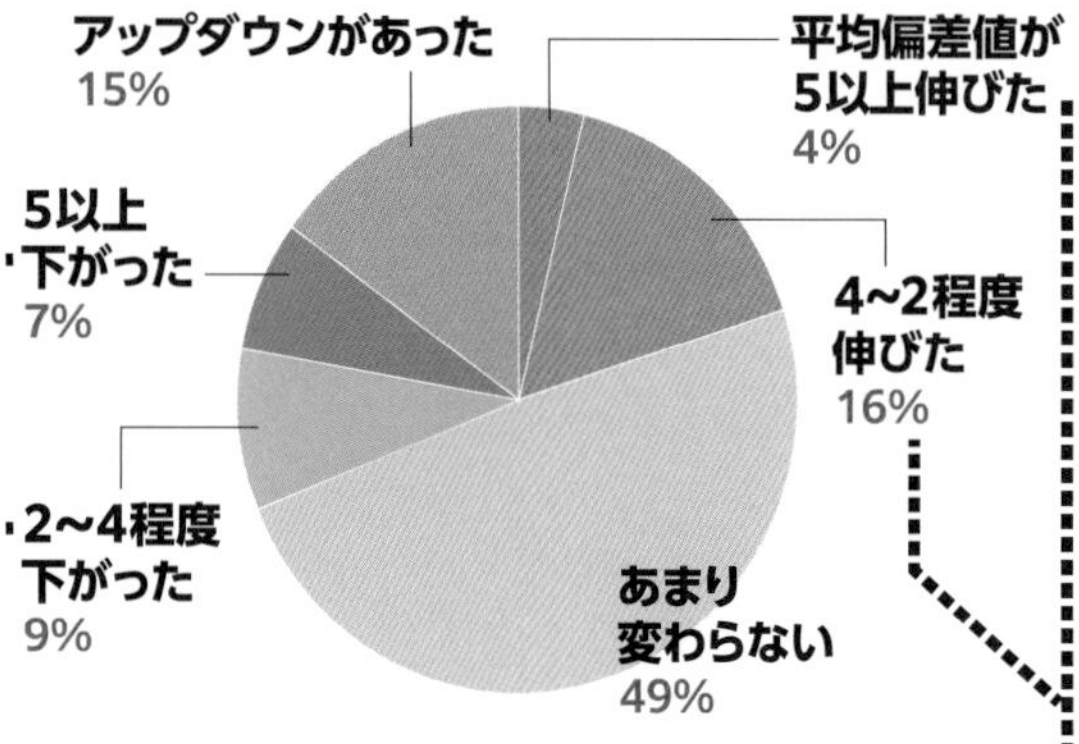
平均偏差値が5以上伸びた 4%
4~2程度伸びた 16%
あまり変わらない 49%
2~4程度下がった 9%
5以上下がった 7%
アップダウンがあった 15%

### Q 成績アップはどうして？

◆苦手科目を重点的に取り組んだ。（●駒場東邦）

◆わからない問題があった時はそのままにしないで先生に質問しに行っていました。模試や塾のテストなどで間違えたところを印刷してノートに貼り、やり直しノートを作っていたのでそれをくり返し復習しました。（●サレジオ学院）

◆苦手な分野（算数）をくり返し取り組んだ。（●大妻中野）

◆小6前期までは本人がやりたいように学んできたのだけれど、算数をもうひと踏ん張りしようと算数に重点をおいて勉強しはじめたため。（●女子学院）

◆苦手分野に絞って、塾からもらった「合格力トレーニングプリント」を普段の勉強にプラスして取り組み、これを冬期講習前まで続けたから。（●東京電機大学・男子）

◆本人の希望で第1志望校を変更し、難問中心に取り組んでいた算数を基礎中心にしたら成績が上がりました。それまでは明らかに消化不良でした。（●東京電機大学・女子）

◆試験の形式に慣れたこと。苦手科目が少しずつ克服できたこと。（●東京都市大学等々力・男子）

1点でもアップ！

●男子校、●女子校、●共学校
（　）内の学校名は進学先です。共学のみ、子どもの性別を記載。
コメントの内容は進学先のこととは限りません。

知識の不足か、問題の読み飛ばしか、読み間違えか、など、なぜ間違えたのかを把握して次に生かしましょう。これを実行すれば、得点力はグンと伸びていきます。

直前のこの時期の学習は、すき間時間、短い時間をいかに有効に使えるかがこれまで以上に重要です。そのためにもやることを絞ってコンパクトに、そして、取り組みやすい環境を作っておくと良いでしょう。たとえばリビングに、裏紙とペン立てを置いたスペースなどをつくり、漢字を1つと計算を1題など、ほんの短い時間でやり切ることができる問題を常設しておくと、朝食の前、塾に行く前などの数分でいつでも取り組むことができます。間違えても解き直しなどはせず、「正解したらクリア、間違えたら数日後にもう1回」など、とにかく短時間でパパッと取り組めることに重点を置きます。こういった積み重ねは、必ず得点アップにつながります。

科目ごとの直前期の学習のポイントは次のページから紹介します。

## Q 成績ダウンで どうした?

◆理科の偏差値が10下がったため、ひたすら理科を強化（苦手分野の演習を解く）。（●浅野）

◆特に対応を変えず、できなかった問題の解き直しをしていました。なぜ出来なかったかは、本人に考えさせるようにしました。本人が話をしてきた時のみ聞きました。（●栄光学園）

◆偏差値よりも、過去問重視。本人に苦手と感じる所をピックアップしてもらい弱点を克服していった。（●鎌倉学園）

◆過去問と苦手分野のふり返りをしました。（●芝）

◆第1志望校にあわせた対策をしていたので、しょうがないと気持ちを切りかえた。（●城北）

◆模試は弱点のあぶり出しに利用して、過去問を何度もやり込んだ（特に算数）。（●巣鴨）

◆偏差値はあまり気にせず、過去問の正答率を上げることに注力。（●成城）

◆直前期は模試の結果は重要視していなかった（もちろん間違い直しはしたが）。とにかく過去問対策を重点的にやっていた。（●世田谷学園）

◆知識の定着が不十分だったので、できるだけ覚えるように取り組んだ。（●世田谷学園）

◆とにかく公開模試は相性が悪いと感じたので、第1志望校の過去問をひたすらやり続けた。（●品川女子学院）

◆模試の結果は気にせず、とにかく基礎固めと過去問、塾の先生に選んでもらった志望校対策のプリントをやりました。

◆何も対処できなかった。できることをしただけだった。塾の先生に相談しながら対処した。（●湘南白百合学園）

◆自分が苦手としている分野に力を入れて取り組んだ。平行して過去問にも取り組み学校の対策をした。（●洗足学園）

◆間違えた問題をチェックし、志望校の出題傾向と照らし合わせて、対策をはかる問題と捨てる問題の選択をした。（●東京都市大学等々力・男子）

# 国語

これで **1点でもアップ!**

## すき間時間を活用した漢字と語句で入試に向かう自信を

国語で1点でもアップを目指すには、やはり漢字と語句がカギを握ります。すき間時間に取り組みやすいうえに、小さな積み重ねが目に見えて力になり、自信になるからです。すき間時間を活用した漢字の学習として、時間を区切って書き取りに取り組みましょう。1問＝15秒として、10問＝2分半、20問＝5分、30問＝7分半で考えます。できないものをじっくり考える必要はないので、すぐに丸付けをして、できなかった漢字を確認。このように取り組めば、漢字10問は確認と定着までやっても5分で完了できます。

語句に関しては、これまでに取り組んできた問題集や、5年生以降の塾のテキストから、まとまった語句問題のページを再度やり切るのも力になります。ひとまとまりを通しで1回解いて、間違えたものだけ日を改めてもう1回などとくり返していくと、次第に取り組む時間を短縮していけるうえに、語句の力の定着も実感でき、自信になるはずです。

本番の数日前などの最後の確認に適しているのは同音異義語・同訓異字です。「はかる（計る・測る・量る・図る）」や、「カンシン（歓心・感心・寒心・関心）」など、これまでくり返し取り組んできたことではありますが、最後の確認には最適。『はかる』は出ても大丈夫」と思えるだけで入試に臨む気持ちが違ってくるはずです。前日や会場に向かう電車の中などで確認したい場合、ずらっと並んだ一覧で見てしまうと気持ちが萎える心配があるので、特に確認したい言葉のピックアップをあらかじめしておくのがおすすめです。

**先輩保護者アンケート**

**国語が苦手**

### やって良かった!

◆【読解】過去問をたくさん提出して、添削してもらった。問題文や設問に線を引いたりという基本的なことを12月になってから真面目に取り組んだ。（●浅野）

◆【漢字・語句】毎日欠かさず取り組んだ。（●駒場東邦）

◆【記述】過去問の自己採点をし、模範解答を分析して自分の解答に反映できるようにした。（●芝）

◆【記述】毎日、要約を書く。（●成城）

◆【読解】基本の問題集（薄くてすぐできるもの）を1冊やった。これで自信がついた。（●富士見）

◆【記述】記述中心の学校の問題を解いた。（●●桐光学園・男子）

◆【読解】過去問の長文をくり返し解く。新聞を音読する。（●東洋大学京北・女子）

◆【漢字・語句】よく出るものにしぼって、くり返しやった。直前に四字熟語のカードを作成したのが良かった。（●宝仙学園理数インター・女子）

### やらずに後悔…

◆【読解】先生に音読するようにたびたび言われていたがほとんどやらなかった。（●浅野）

◆【漢字・語句】「合格完成語句」を最後まで終わらせておけばよかった（埼玉校での国語の点数がひどかった…）。（●芝）

◆【漢字・語句】漢字は過去問と同じものは出ないので、何が出るかわからない。とにかく続けてやることが大切。（●富士見）

◆【漢字・語句】どの学校でも漢字を複数おとしてしまった。直前までていねいに行うべきだった。（●東京都市大学等々力・男子）

●男子校、●女子校、●共学校
（ ）内の学校名は進学先です。共学のみ、子どもの性別を記載。
コメントの内容は進学先のこととは限りません。

# 算数

これで 1点でもアップ!

## 毎日の計算は必ず力に 数への感覚を磨き 計算のレベルを上げる

算数で直前に確認したい内容として、入試年度にからめた「2024」に関するものは欠かせません。「2024の素因数分解」や「2024の約数(全部)」は、パッと書けるようにしておきたいところです。そのほか、「100までの素数」や「小数⇔分数の変換」、3・14がからむ計算については「3・14×1〜3・14×9」くらいまでは頭に入っていると心強いです。

入試に向けて数の感覚を研ぎ澄ませておくためにも、計算は緊張感をもって、継続して取り組みましょう。普段から〝できる限り短時間で〟かつ〝できる限り計算の工夫を利用して〟解くことが重要です。本番で「いつも通りに」できれば大丈夫な状態にするために、「いつも」のレベルを引き上げておきましょう。

計算や一行題を毎日やることを習慣づけられなかった人も、ここから入試までの2カ月だけ、1カ月だけでもいいのでぜひ取り組みましょう。仮に1カ月でも、「毎日やれた」と思えると入試当日に自信になります。その際に取り組む問題は、受験予定の学校の計算や一行題がおすすめ。保護者のサポートとして、受験校の計算と一行題を数年分集めて切り貼りしたプリントを作成してあげると、とても効果的です。

また、算数では「解く」ことばかりに気持ちがいって、問題文を「ちゃんと読む」ことがおろそかになっていないかも確認しておきましょう。「整数で答えなさい」という問題に小数で解答してしまうといった問題文の読み飛ばしなどをしないように、「読む」ことへの意識も再確認しましょう。

先輩保護者アンケート

算数が苦手

### やって良かった!

◆【数論】「場合の数」の分野別問題集を1冊やり切った。取り組んだという自信がついた。(●海城)

◆【割合と比】過去問を切り貼りして同じ分野の問題を連続して解かせた。(●学習院)

◆【割合と比】分野別プリントに取り組んだ。(●駒場東邦)

◆【計算】計算問題を毎日欠かさず15問解いた。(●駒場東邦)

◆【計算】塾のテキストの「計算と漢字」の計算をやった。(●芝)

◆【図形】過去問題集の中の図形の基本問題は取れるように、くり返した。難しすぎるものはあえて解かないこともひとつ…。(●城北)

◆【計算】簡単な問題を何回も。過去問トレーニング。(●巣鴨)

◆【割合と比】不得意分野のプリントを塾でもらって、それを数をこなした。(●跡見学園)

◆【図形】回転図形は類題をたくさん解いたことで当日もできたと言っていた。(●東京都市大学等々力・男子)

◆【文章題】塾のテキスト(基礎的なもの)にくり返し取り組んでいました。(●●桐光学園・男子)

### やらずに後悔…

◆【算数全般】夏期講習テキストについていた演習問題をすべてやり切れないまま本番をむかえてしまった。(●逗子開成)

◆【文章題/計算】テキストの演習問題はやりきれば良かった。(●女子学院)

◆【図形】テキストの演習問題でできなかった所を、できるまで何度も解くことができなかった。(●フェリス女学院)

# 社会科

これで 1点でもアップ!

## 知識を確認しつつ どんな出題になるかを イメージしてみよう

社会科が苦手という受験生は、自分の知識が不足している、と思い込んでいることが多いようです。注意深く読めば問題文や資料にヒントがあるのに、知識がないからと、あきらめてしまうのです。

まずは、もっている知識をより確実にしましょう。演習を重ねて知識の定着を確認し曖昧さをなくすことで、モチベーションはアップします。直前期の知識のチェックにおいては、頻出用語や頻出の人名についての再確認はやはり欠かせません。その際に、用語、人名を確認するだけでなく「これについてどのように入試に出そうかな?」「志望校の傾向を考えるとどんな出題になりそうかな?」とイメージしてみるのも、得点力アップに効果的です。

社会科には、地理・歴史・公民の3分野と、それらを横断する時事問題とがあります。特に得点アップに結びつけやすいのは、知識で理解できる内容が多い地理分野です。地理の知識には、地名や山脈など今後もほぼ不変の〝古典的な地理〟と、貿易額や生産量の変化など〝現代社会的地理〟があります。自分が不十分だと感じる部分を重点的に学習することが大切です。

歴史分野は通史で出題されることが多いため、時代や人物などを単独ではなく、「いつ、どこで、誰が、なぜ、何をした・何が起こった」というようにつながりを意識しながら理解を。特に「なぜ(原因)―何が起こった(結果)」は流れで理解しましょう。

公民分野は時事問題とのつながりで出題されることが多いです。日頃からニュースや新聞を見ておくと良いでしょう。

社会科が苦手

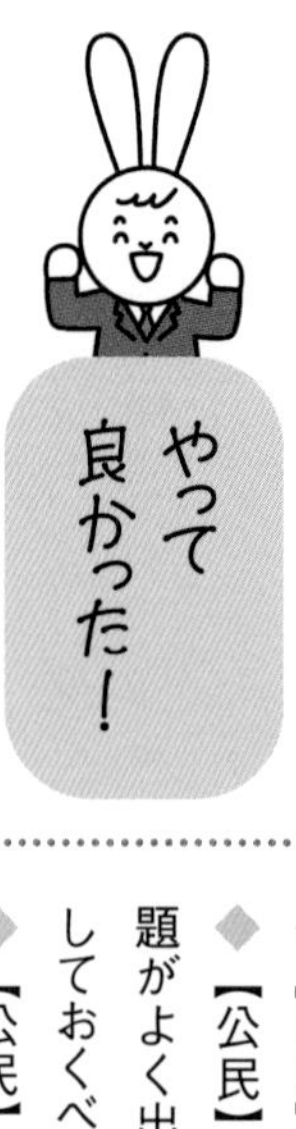


◆【歴史】過去問。(●城北埼玉)

◆【公民】公民分野の追いこみ、過去問を基礎的な語句理解など、過去問を解きながら覚えていきました。(●吉祥女子)

◆【歴史】カードに主な出来事を書いて、それを正しく並べ替えるのを毎日やりました。(●湘南白百合学園)

◆【歴史】全部の総復習。(●聖セシリア女子)

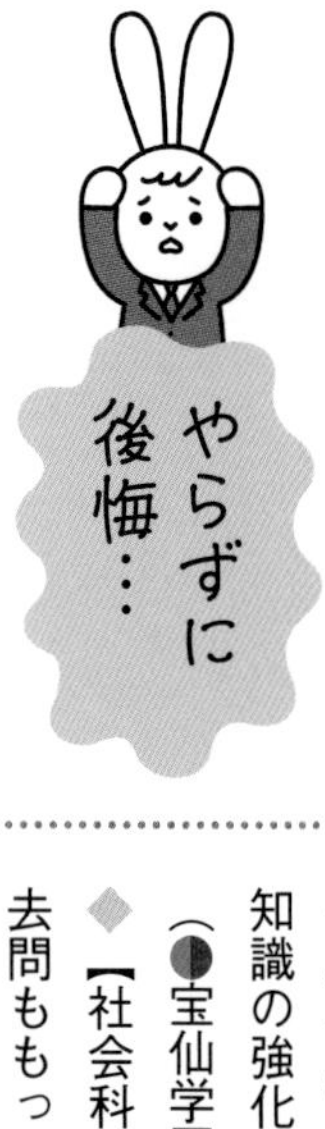


◆【歴史】『メモリーチェック』をもう少しすればよかった。(●芝)

◆【公民】時事問題を政治にからめてもっとやっておけばよかった。(●芝)

◆【地理】白地図。(●成城)

◆【公民】「憲法」についての問題がよく出たので、もっと対策をしておくべきだった。(●跡見学園)

◆【公民】とにかく公民が苦手だったのでもっとニュースを見せておけば良かったと思った。言葉を知らなすぎた。読書をあまりしなかったことを後悔した。(●品川女子学院)

◆【公民】時事問題はもっとやっておけば良かった。(●東邦大学付属東邦・男子)

◆【社会科全般】もう少し、資料集を見ておけば良かった。(●日本大学・男子)

◆【歴史】年表やカードを使った知識の強化。(●宝仙学園理数インター・女子)

◆【社会科全般】志望校以外の過去問ももっとたくさん解いておけば良かった。(●早稲田実業学校・女子)

●男子校、●女子校、●共学校
( )内の学校名は進学先です。共学のみ、子どもの性別を記載。
コメントの内容は進学先のこととは限りません。

# 理科

これで 1点でもアップ!

## 出題内容+αで つながりも意識して 効率良く知識を確認

配点比率が低い学校も多いことから後回しになりがちな理科は、苦手と感じている受験生こそ、大きな伸びしろを秘めています。

直前期は、やはり知識の確認と定着が得点アップに直結します。問題に取り組んだ際に、その出題では聞かれていない知識もチェックすると、知識のつながりも意識でき、効率よく進められます。取り組み方としては一問一答の選択問題で、「誤選択肢」についても確認するやり方がおすすめです。たとえば、「二酸化炭素の性質を選ぶ問題」で、選ばなかった選択肢は何の気体の性質を示しているかを確認したり、「ウリ科の植物を選ぶ問題」で、選ばなかった植物は何科かを確認したりなどです。

また、直前の確認事項としては時事問題に関するキーワードに触れておくことも得点アップに有効です。理科の時事問題は気象（天気）と天体に関するものが基本。「連続する真夏日」「猛暑」「金環皆既日食」など、今年のトピックに目を通しておきましょう。時事に絡めた気象関連の出題はそのメカニズムまで問われることもありますが、その場合は地学分野で学んできた知識を使ったり、問題中の情報を使ったりするものがほとんど。基本的に、落ち着いてリード文を読めばあとはもっている知識で解けるはずなので、本番で「知らない話題だ」とドキッとするのを防ぐために、時事に関するキーワードに触れておくことが大切なのです。1月入試校の問題に保護者が目を通して「そういえば○○が出ていたね」など日常で話題にして、「知っている話題」にすると良いでしょう。

先輩保護者アンケート

理科が苦手

### やって良かった!

◆【生物】『メモリーチェック』でふり返った。（●栄光学園）

◆【理科全般】理科は苦手分野が多かったので家中の壁に大事なポイントを書いた紙を貼りつけて常に見られるようにしました。わからない問題は先生に質問をしに行ったり、授業動画（塾が公開している）を見て復習しました。特別選択講座も受講しました。（●サレジオ学院）

◆【理科全般】理科の計算問題で過去問の間違えたところをピックアップしテキストに戻りやりなおした。（●芝）

◆【力学】『メモリーチェック』。（●女子学院）

◆【生物】『メモリーチェック』に何度も取り組み、トレーニングプリントで問題演習をした。（●東京電機大学・男子）

◆【理科全般】ずっと苦手だったので、直前にせめて基礎だけを完璧にした。『メモリーチェック』で対応できた。（●東京電機大学・女子）

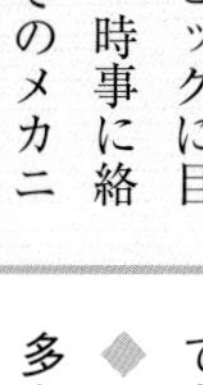

### やらずに後悔…

◆【天体】テキストの総復習をもっと早い段階で取り入れるべきでした。（●巣鴨）

◆【理科全般】記述対策をもっと取り組んでおけば良かった。（●東京電機大学・男子）

◆【電気】演習が足りなかった。（●東京都市大学等々力・男子）

◆【天体】『メモリーチェック』をくり返すのが精一杯で深く理解するのが難しかったです。（●東洋大学京北・女子）

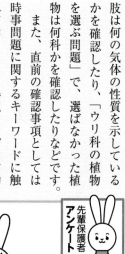

先輩保護者アンケート

# Q 得意科目だからこそ気をつけたこと

## 国語

◆何を聞かれているのか、問題をよく読んだ。（●大妻中野）

◆漢字、簡単な問題のど忘れなど、油断から来る間違いのないようにしていました。（●晃華学園）

◆できないことがないように、ふり返りを何回も取り組んだ。（●女子学院）

◆大事な部分に線を引く、漢字のミスに注意、問題をしっかり読む。（●女子美術大学付属）

◆漢字はすぐ忘れるので、間違えたり忘れたりする漢字は何回もやっていました。（●桜美林・女子）

◆漢字、語句は毎朝かかさずやった。（●東京電機大学・男子）

## 算数

◆〝楽をしないこと〟。簡単なたし算でもひっ算したり、省略しないようにした。（●鎌倉学園）

◆1問の配点が高いため、とにかくポカミスをしないように問題を確認、途中式を確認するようにした。毎日、基礎的な問題、文章題に触れるようにした。過去に間違えた問題をつぶしていった。（●駒場東邦）

◆過去問の傾向を調べて、同じ分野をくり返した。（●成城）

◆計算ミスに気をつける。時間配分に気をつける。（●立教新座）

◆簡単なミスはしない。計算問題は毎日やりました。（●品川女子学院）

◆早く解こうとして凡ミスしないように。（●湘南白百合学園）

## 社会科

◆過去問の記述の部分を中心に先生に添削してもらいました。（●浅野）

◆知識の確認と時事問題のインプット。（●浅野）

◆覚えなくてはいけない言葉や難しい漢字が多く、時間が経つと忘れてしまうので、何度もくり返し復習することは大切だと思います。（●サレジオ学院）

◆漢字の間違いなど、油断しないように気をつけた。（●世田谷学園）

◆授業、『メモリーチェック』と過去問中心、色々な教材に手を出さない。（●香蘭女学校）

◆漢字での記述ミス対策を行った。（●東京都市大学等々力・男子）

◆歴史だったら、背景になるもの（出来事）にも目を向けて考えていました。新聞等で時事ニュースもチェックしていました。（●●桐光学園・男子）

◆漢字の書き間違いなどのポカミスをしないようにする。（●東洋大学京北・女子）

## 理科

◆計算問題でミスがないように最後まで計算は練習した。基本知識の復習をした。（●駒場東邦）

◆理科の中の苦手な分野（水溶液）をつぶすようにした。（●芝）

◆文章をきちんと読む。（●武蔵）

◆単純な計算間違いに気をつけた。（●日本女子大学附属）

◆得意科目だからこそ、問題文をしっかり読んで、聞かれていることの前提条件を読み間違えないように気をつけた。（●東邦大学付属東邦・男子）

●男子校、●女子校、●共学校
（ ）内の学校名は進学先です。共学のみ、子どもの性別を記載。
コメントの内容は進学先のこととは限りません。

上昇気流

# 6

# 入試前日から入学手続きまでの行動シミュレーション

**さあ、いよいよ入試本番です。入試前日から入学手続きまでに何をし、誰がどう動くのか。起こり得るトラブルも予想しながら、具体的なイメージをもってシミュレーションしておくことが成功の秘訣です。**

目次

上昇気流 6

# 入試前日から入学手続きまでの行動を把握しよう

## いよいよ入試スタート。シミュレーションして心の準備を

年が明けると、1月10日ごろから入試が始まります。第1志望校の入試は2月という受験生でも、多くの人は1月に試し受験をすることと思います。もちろん、埼玉や千葉の学校が第1志望の受験生にとってはいよいよ本番、緊張も高まります。

入試期間中は、どんな動きになるのか、どんなことが起こり得るのか、まずはここで誌上シミュレーションをして、心の準備をしておきましょう。

なお、試し受験終了後から第1志望校入試までの過ごし方のポイントもあげましたので、合わせて参考にしてください。

### 入試準備 チェックリスト

入試2週間前

- □ スケジュール表は作成した?
- □ 入試費用の計算&準備は?
- □ 入試当日の持ち物は準備した?
- □ 受験校への交通ルート(複数)は確認した?
- □ 小学校に入試日の欠席は伝えた?
- □ ピンチヒッター(祖父母など)に予定を伝えた?
- □ 不合格続きの場合の対応策も考えた?

午後入試を受ける場合

- □ 午前校→午後校の移動ルート(複数)は調べた?
- □ 昼食をとる場所は考えた?

面接・実技がある場合

- □ 面接・実技用の服装は準備した?

●男子校、●女子校、●共学校
( )内の学校名は進学先です。共学のみ、子どもの性別を記載。
コメントの内容は進学先のこととは限りません。

## 試し受験 終了後

いまや、ほとんどの受験生が経験する、試し受験。「実際の入試の合否ラインを知る」「本番の前に合格をつくる」など目的はさまざまですが、一番のメリットは、「第1志望校の前に、実際の入試を体験できる」こと。試し受験後は、第1志望校に向けて、行動・学習の改善を。

- 朝からの行動をふり返り、改善点を考える
- 「得点開示」をしてくれる学校の通知を確認する
- 改善すべきことのうち、準備しておけることがあれば早めに対処
- 朝からの行動、試験中の対応をふり返り、改善点を考える
- 再現答案をつくり、ふり返りをする
- 第1志望校に向けて、学習にさらに気合を入れる

いよいよ

**明日は本番入試前日！**

### 試し受験後 改善箇所 チェックリスト

**受験生**

- □ 朝起きる時間は適切だった？
- □ 服装は適切だった？
- □ 持ち物に不備はなかった？
- □ 科目ごとに気持ちの切り替えはうまくできた？
- □ 緊張した場合の対応策は考えた？
- □ 入試会場で困ったことはあった？
- □ 入試問題の解答戦略はうまくいった？

**保護者**

- □ 朝起きる時間は適切だった？
- □ 服装は適切だった？
- □ 持ち物に不備はなかった？
- □ 朝食・お弁当のメニューや量は適切だった？
- □ メンタル面でのフォローはできた？（移動中の会話、声かけなど）
- □ 体調面でのフォローはできた？（薬の準備、駅のトイレの場所など）

### 先輩保護者アンケート

**Q 試し受験を受けて、次に生かせたことは？**

◆受験時の注意点（前日の睡眠不足による集中力欠如）に気付き、リカバリーできた。（●栄光学園）

◆前日の夜、当日の朝の行動について確認でき、実際には思っていたよりも時間がかかることがわかり、改善できた。（●駒場東邦）

◆前日の持ち物の準備〜早朝に起き、朝食を食べ、出発するシミュレーションをひと通りできたことは、不安を少しでも減らすのに良かったです。（●芝）

◆不合格時の本人の反応が予測できるようになった。2月は試験前に他校の結果を伝えないようにした。（●逗子開成）

◆受付の混み具合を知れたので余裕をもって到着するようにした。受付前に手に持って並ぶべき物、親から子に渡し忘れる物がないよう確認した。（●関東学院・女子）

# 入試前日

入試当日の朝は慌ただしくなります。前日のうちに、受験生・保護者それぞれの持ち物を準備し、チェックをしておきましょう。保護者は翌日の天気や交通ルートの確認も忘れずに。

受験生は、学習も無理をせず、早めに寝て翌日に備えましょう。

- 当日の持ち物・服装を用意し、確認する
- 当日の天気を調べておく
- 学校までのルートをもう一度、確認する
- 保護者や家族のトラブルを想定し、助っ人を頼んでおいた人に確認の連絡

当日の動きを家族全員で確認、シミュレーションしてみる

## 持ち物 チェックリスト

保護者

| 学校に行くまでに必要 | | | 学校内控え室であると便利 | | あると安心! |
|---|---|---|---|---|---|
| □受験番号の控え | □学校の連絡先 | □入試要項（当日の諸注意） | □ひざかけなどの防寒具 | □上履き（外履きを入れる袋など） | □モバイルバッテリー |
| □入試当日の行動予定表 | □交通機関のICカード、おさいふ | □携帯電話 | □ノート、ペンなどの筆記用具 | □本・雑誌 | □下痢止めなど常備薬 |
| □マスク・カイロ・マフラーなど | □地図、鉄道路線マップ | □腕時計 ＊子どもが忘れたときに貸せる | □願書のコピーなど | □飲み物・あめなど | □折りたためる大きな袋 ＊上着など荷物をまとめる |

※各学校の持ち込み禁止物は、入試要項などで必ずご確認ください。

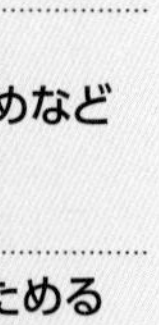

先輩保護者アンケート

## Q 入試前日はどう過ごした?

◆午前中は過去問（失敗しても大丈夫なように第2志望校の古いもの）、午後は過去問の丸付け、復習、夕方からは、テレビ等を見て過ごした。（●栄光学園）

◆過去問や、入試説明会でいただいた出題や注意点の資料を見返して過ごしました。（●開成）

◆少し復習してから近所を散歩した。（●駒場東邦）

◆メンタルが不安定になっていたので塾の先生に電話し話をしてもらった。（●城北埼玉）

◆焦っても仕方ないのでテレビを見て過ごした。入試と関係ない話ばかりした。（●鷗友学園女子）

◆「あーどうしよ」と不安が多かったので、好きなテレビを見て早目に寝ました。（●大妻中野）

◆過去問で間違えた問題の見直し。ほどほどにしないとあれもこれもと不安になる。（●品川女子学院）

●男子校、●女子校、◐共学校
（ ）内の学校名は進学先です。共学のみ、子どもの性別を記載。
コメントの内容は進学先のこととは限りません。

●当日の持ち物・服装を用意し、確認する

●自分が安心できる過ごし方をする
- まとめノートでさらっとふり返り
- テレビを見るなどして、リラックス

●早めに寝る

緊張してなかなか眠れなかったけど、「一晩くらい寝なくても大丈夫」ってお母さんに言われたら、安心できて、眠れたよ

●朝食・お弁当の下準備

前日の夜に、豚汁の下ごしらえをしておいたので、当日の朝がラクでした！

就寝

## 受験生 持ち物チェックリスト

| 試験・教室で必要 | | | こちらも忘れずに | 休み時間に… | あると安心！ |
|---|---|---|---|---|---|
| □受験票 | □腕時計 ＊電池も確認 | □上履き | □ハンカチ・ティッシュ | □お弁当 | □愛着のあるテキスト・ノート |
| □鉛筆（8～10本） ＊輪ゴムをかけると転がらない | □消しゴム（2～3個） ＊輪ゴムをかけると転がらない | □シャープペンシル（替え芯も） | □マスク・カイロ・マフラーなど | □飲み物 | □お守り<br>□携帯電話 |
| □鉛筆削り | □定規・コンパス・下敷き ＊持ち込み・使用不可の場合も | □厚紙 ＊机がガタガタしたときのため | □子ども用交通機関のICカード、おさいふ | □チョコ・小さいおにぎりなど ＊持ち込み不可の場合も | □生理用品など |

※各学校の持ち込み禁止物は、入試要項などで必ずご確認ください。

◆持ち物準備と当日のシミュレーションをして、20時に就寝した。（●女子学院）

◆点数を高くとれた過去問を解き、メンタルをととのえた。（●聖セシリア女子）

◆新しい問題を解いたりせず、過去問をもう一度確認した。持ち物を入念に確認した。（●日本女子大学附属）

◆過去問の見直しを中心にした。不安を和らげるため、テレビやマンガも見ていた。（●市川・男子）

◆本人の過ごしたいように過ごした。親から見るとノートの見直しなどしないのかなぁと思ったが何も言わなかった。ギスギスすることなく当日を迎えられてよかったと思う。（●関東学院・女子）

◆緊張をほぐすため、家族でトランプやオセロをし、少しリラックスできたようだった。（●東京電機大学・男子）

◆最後まで伸びると信じて、学校対策問題を解きつづけた。（●早稲田実業学校・女子）

# 朝

## 入試当日

当日の朝は早めに起床。天候が悪いなら予定よりもさらに1時間ほど前倒しで行動を。

家を出る前にもう一度、親子で持ち物とスケジュールの最終確認をしたら、出発です。

家を出てから学校までの道中でトラブルが発生するかもしれませんが、慌てないで。落ち着いて対処すれば、試験はちゃんと受けられます。

- 保護者起床
- 天気や家族の体調などを確認
- 朝食・お弁当づくり
  （朝食のメニューは消化の良いものを）
- 受験生起床
- 朝食を食べる

**持ち物を最終確認！**

- もし忘れ物に気づいても、探すのに手間取るようならそのまま出発。途中のコンビニなどで買ってもいい

### 雨・雪の日の持ち物 チェックリスト

- □ 雨具（かさ・レインコート・長靴）
- □ 替えの靴下
- □ タオル
- □ 防寒服
- □ 雪用ブーツ
- □ ビニール袋（大・小）

### 先輩保護者アンケート
### Q 入試当日の朝食はどうした？

◆いつも通りのものを出しましたが、ご飯はおにぎりにして食べながら何か別のこともできるようにしました。（●浅野）

◆スープ、お茶づけなど、食べやすいもの＋電車で食べられるものにしました。（●栄光学園）

◆一番好きなコンビニのチョコパンを食べさせた。（●駒場東邦）

◆消化の良いものだけでなく、本人の好きなもの、食欲がわくもの。（●女子学院）

◆食べすぎないよう、空腹にならないよう、本人が好きなものを選ばせ、腹もちのよさそうなものを追加しました。（●●桐光学園・男子）

◆ささっと食べやすいおにぎりにしました。温かい汁物（みそ汁やポタージュ）で身体を温めるようにしました。（●東洋大学京北・女子）

### 先輩保護者アンケート
### Q 入試当日、「困ったこと」や「慌てたこと」は？

朝〜学校到着で

◆初めての受験の日に想定外に時間がかかり乗ろうと思っていた電車に乗れず焦った。実際には一本遅れても影響はないがいきなり予定が狂ったのは気持ち的に微妙であった。（●駒場東邦）

◆わが子が緊張しすぎて無口になるタイプで、それをどうほぐしてあげればよいかわからなかった。入試を迎えるまであまり知らなかった一面だった。（●逗子開成）

◆起床が早いので電車の中で眠くなってしまい眠りかけた。「脳が寝てしまう!!」と言って、必死に起こしていた。（●世田谷学園）

◆緊張で食事がほとんどとれず体力がもつか心配だった。（●武蔵）

◆不合格が続いた2月3日の朝「受験に行きたくない」と言われ連れて行くまでが大変だった。落ち込んだ気分を切り替えさせるこ

●男子校、●女子校、●共学校
（　）内の学校名は進学先です。共学のみ、子どもの性別を記載。
コメントの内容は進学先のこととは限りません。

# 出発！

●電車が遅延することもあるので、時間には余裕をもって家を出る

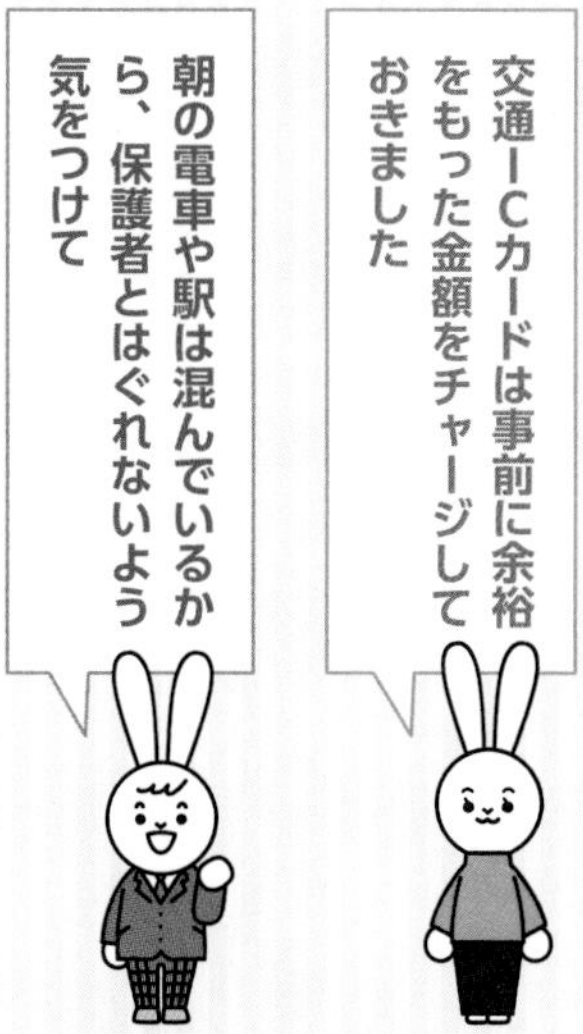

交通ICカードは事前に余裕をもった金額をチャージしておきました
朝の電車や駅は混んでいるから、保護者とはぐれないよう気をつけて


●トラブルが起きても冷静に対処を。受験生を動揺させないように

●受験票、お弁当など、受験生が必要な物は頃合いを見て渡しておく

## トラブル対処法

### 交通遅延

●調べておいた別の路線に乗り換える。
●携帯電話などで他の路線を調べる。
●大幅に遅れそうなときは、学校に連絡する。
●携帯電話などで学校のホームページにアクセスし、受験校の対応を調べる。
●冷静に、落ち着いて行動することが肝心。

### 体調不良

●緊張しやすい子、腹痛を起こしやすい子には、あらかじめ薬（眠くならないもの）を服用させておく。
●突然の腹痛や吐き気をもよおしたら、無理をせず途中下車して駅のトイレへ。
●下痢や発熱が治まらない場合は、学校に連絡を。本人の気持ちを聞き、受験希望であれば、その旨も学校に伝える。別室受験ができることも。
●女子は突然生理になることもあるので、生理用品は念のため必ず持たせておく。

### 忘れ物

●受験票を忘れてしまっても、申し出て、必要書類で本人確認ができれば受験可能とする学校も多い。時間をみて、取りに戻るか判断を。
●文房具を忘れてしまったときは、学校へ向かう途中のコンビニなどで買える物は購入。学校で貸してくれることもあるので、慌てないようにしよう。

とが難しかった。（●跡見学園）

◆寒くないように厚着していたが電車は人が多いうえ暖房で暑く、気持ち悪くなってしまった。（●品川女子学院）

◆かなり余裕をみて早めに出かけたが、電車の遅延などでぎりぎりになったときがありました。（●頌栄女子学院）

◆全日程において本人は楽しそうにしていて、会場の人の多さで変にテンションが上がっていたようで、親としては不安になりました……。（●女子学院）

◆口内炎が出来てしまい、本人も痛がったので貼るタイプの薬を何度か貼り直した。（●女子学院）

◆試し受験で筆箱ごと忘れた（前日準備したのに、直前で出したらしい）。（●捜真女学校）

◆水筒がもれて手さげがぬれてしまった。大事なものを入れたバッグとは分けていたので大丈夫だったが、受験票などは防水のものに入れておいた方がいい。（●富士見）

◆行きの電車で時計を失くしたことに気がついた。（●市川・男子）

# 入試当日

# 学校に到着

## 学校の最寄り駅～学校

最寄り駅から学校への道は、ほかの受験生の流れができています。「周りの子は頭が良さそう…」などと見えてしまうこともあるかもしれませんが、それはお互い様。自信をもって元気に向かいましょう。

受験生を送り出す際には、必要な荷物の確認と、心のこもったひと言を。

●下見のときに歩いたルートで行く

学校の最寄り駅から受験生の波についていったら別の会場に！　同じ駅を利用する学校があることを忘れていました……。時間の余裕があったので、なんとか遅れずに済みました

●周りの受験生に圧倒されないで、リラックスして向かおう

学校に到着！

駅から学校（試験会場）へ

周りの受験生が気になるかもしれないが、落ち着いて

★写真は2020年以前の入試の様子です。複数校の写真が入っています

学校（試験会場）に到着

受験生は試験会場、保護者は控え室へ移動。別れる際は、待ち合わせ場所や荷物の渡し忘れがないか確認を

先輩保護者アンケート

## Q 入試当日、「困ったこと」や「慌てたこと」は？

試験開始～帰宅で

### 試験開始前・試験中

◆教室を間違えた。ひと呼吸して、生徒さんに相談した。（●浅野）

◆筆箱を落として筆記用具が飛び散ってしまった。先生に助けを求めた。（●栄光学園）

◆トイレに行きたくなり、静かに手をあげてトイレに行きました。（●サレジオ学院）

◆消しゴムを2つ落としてしまい予備がなくなってしまった。手をあげて拾ってもらった。（●逗子開成）

◆上ばきにはきかえるタイミングがわからず靴のままでいたら、試験が始まりそうになりあわててはきかえた。机に説明の紙が置いてあった。（●）

◆鼻血が出て、持っていたティッシュとごみ袋で対応した。（●●桐光学園・男子）

●男子校、●女子校、●共学校
（　）内の学校名は進学先です。共学のみ、子どもの性別を記載。
コメントの内容は進学先のこととは限りません。

## 学校

●学校へは、受験生の集合時刻の1時間前の到着を目安に

●受験生が必要な荷物はちゃんと本人が持っているか確認

入試初日に腕時計を忘れてしまった！　お母さんに貸りられて、助かった～

試験終了後の待ち合わせ場所についても確認しておこう
（受験生は携帯電話の使用不可の学校もあるので注意）

●受験生は試験会場へ

●保護者は控え室などへ移動

●前日の合否確認や併願校の手続きをする場合も

### 会場・控え室へ

先輩保護者アンケート

## Q 会場に送り出す直前にどんな言葉をかけた？

◆終わった後の待ち合わせ場所の確認（模試と同じようにしました）。（●浅野）

◆「精いっぱいやっといで！頑張ってね!!」（●城北）

◆「今日試験を受けられて良かったね。いつも通りね」（●鷗友学園女子）

◆「困ったことがあったらすぐ会場の係の人にきいてＯＫだよ」（●洗足学園）

◆声を掛けようと準備していたが、あっという間に会場に入っていった。（●富士見）

◆「これまでいっぱい頑張ったから、あとは楽しんでおいで」（●東京電機大学・男子）

◆「問題文をしっかり読んで、がんばっておいで」（●東邦大学付属東邦・男子）

◆名前の記入を忘れないようにだけ声掛け。（女子）

◆教室がわからず先生に聞いたがその先生も間違えていてあせった。（●・男子）

### 試験終了後

◆駅までの道がすごく混んでいて、午後校までにしっかり昼食をとれませんでした。（●）

◆終了後は人が多く、子どもを見つけるのが大変でした。派手な色を着ている子は目立っていて見つけやすそうでした。（●）

◆緊張で実力を出し切れず、表情がこわばったまま午後入試に向かった。何とかリラックスさせようとしたが、気持ちを立て直すことができず、あせりました。（●東京電機大学・男子）

◆試験の出来が良くなく「ダメだ」と落ち込んでいた。明日も受けようと励ましたが、しばらく立ち直れなかった。（●●桐光学園・男子）

◆受験者数の多い試験は解散場所で子どもを見つけにくく、事前にテスト終了後の待ち合わせ場所を決めておけばよかったと後悔しました。（●・男子）

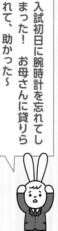

# 試験開始！

## 入試当日

受験生は自分の受験番号をもとに教室（席）を探して、困ったことがあったら恥ずかしがらずに係の先生や在校生に質問。教室に入ったらあとはもう、心を落ち着けて、思い思いに待つのみ。いよいよ試験開始です！

- 受験番号を確認し、教室（席）を探す
- 受験票と筆記用具を机の上へ
- 時間があればトイレに行っておく
- 試験開始までは、なるべくリラックス。お守りなどを見て心を落ち着かせよう

教室が暑くてボーッとしそうだったから、上着を一枚脱いだよ

試験開始

受験生

教室を探す → 席に着く → 試験開始

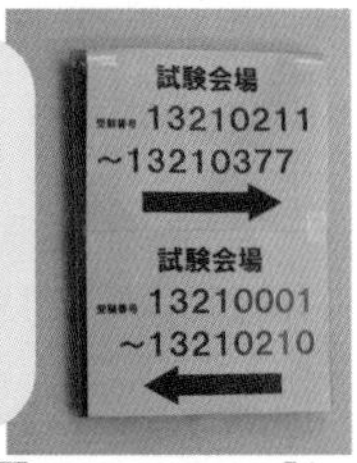
試験会場
受験番号 13210211
~13210377
試験会場
受験番号 13210001
~13210210

受験番号を確認して、教室へ移動。わからなかったら迷わず先生や在校生に聞いてみよう

愛着のある問題集やお守りを見てリラックス。あとは自分を信じるのみ

問題が配布されたら、試験開始。
解答用紙には受験番号と氏名を必ず記入！

---

先輩保護者アンケート

## Q 持って行って良かったものは？

入試当日

受験生

### 1位 飲み物・軽食

◆ひと口で食べられるもの（さつま芋のおやつ等）。（●跡見学園）

◆小さな水筒にココアやポタージュを入れて持たせました。休み時間などに口にできて温まったようです。（●吉祥女子）

### 2位 カイロ

◆腰など2カ所に貼るタイプのカイロをして、ポケットにもカイロを入れましたが、それでも緊張のせいか、身体が冷えてしまったそうです。（●東洋大学京北・女子）

◆使い捨てカイロ（握っていたら少し気持ちが落ち着いた）。（女子）

●男子校、●女子校、●共学校
（ ）内の学校名は進学先です。共学のみ、子どもの性別を記載。
コメントの内容は進学先のこととは限りません。

- 困ったことがあったら試験監督の先生に伝えよう
- 休み時間は気持ちを切り替えるために、廊下に出たり、チョコを食べたり(OKなら)しても

## 保護者控え室

受験生が試験を受けている間、保護者は待機。学校内の控え室や近隣のカフェなどで待つ保護者が大半ですが、2日目以降は、前日の合否確認や、併願校の手続きに行く場合も。

- 保護者控え室は冷えることがあるので、防寒対策はしっかりと
  - 待ち時間は長く感じられる。本や雑誌、PC・タブレットなどで時間をつぶそう
- 試験問題が貼り出されることも。必要があれば書き写そう

緊張であまり集中できないので、文庫本より雑誌のほうが良かったです

午後入試を受ける場合 P74へ

午前入試のみで帰る場合 P76へ

保護者

### 保護者控え室いろいろ

学校によって保護者控え室として開放している場所はいろいろ。控え室に人数制限があったり、体育館などの場合は控え室が寒いことも。要項などを確認のうえ、必要なら防寒具の用意も

### 3位 お守り・寄せ書き

◆かばんからぶらさげずお守りを外しておくようにするとよい(外すように指示がある学校が多かった)。(●逗子開成)

◆先生からもらったメッセージは本人の気持ちを落ち着かせるのに役立った。(●芝)

### ★4位 ノートやテキスト類

◆自分が間違えやすい点をまとめた合格ノート(算数)。(●日本女子大学附属)

### ★5位 段ボールの切れ端

(机のガタつき調整用)

保護者

★1位 本・雑誌
★2位 カイロ
★3位 温度調節用の防寒具
4位 モバイルバッテリー
5位 飲み物・軽食
5位 パソコン・タブレット

午前入試終了

# 午後入試 入試当日

試験終了後は多くの受験生が試験会場から出てきます。待ち合わせ時は気をつけましょう。

## 試験終了後、待ち合わせ

- 具体的な待ち合わせ場所を決めておく
- 目印になる帽子などを身につける

★混雑をさけるために受験生の解散に時間を要する可能性もあります。

## 午後入試の会場へ移動

午前入試が終わったら、できるだけ速やかに午後入試の会場へ移動。その際、試験の出来・不出来はあまり聞かずに、リラックスさせ、気持ちを切り替えさせてあげることが肝心です。

## 午後入試の会場へ

午後入試を受けるなら、時間も限られているので待ち合わせで手間取りたくありません。待ち合わせ場所や目印などは、事前に決めておきましょう

先輩保護者アンケート

### Q 午後入試を受けた日の昼食はどこで食べた？（複数回答）

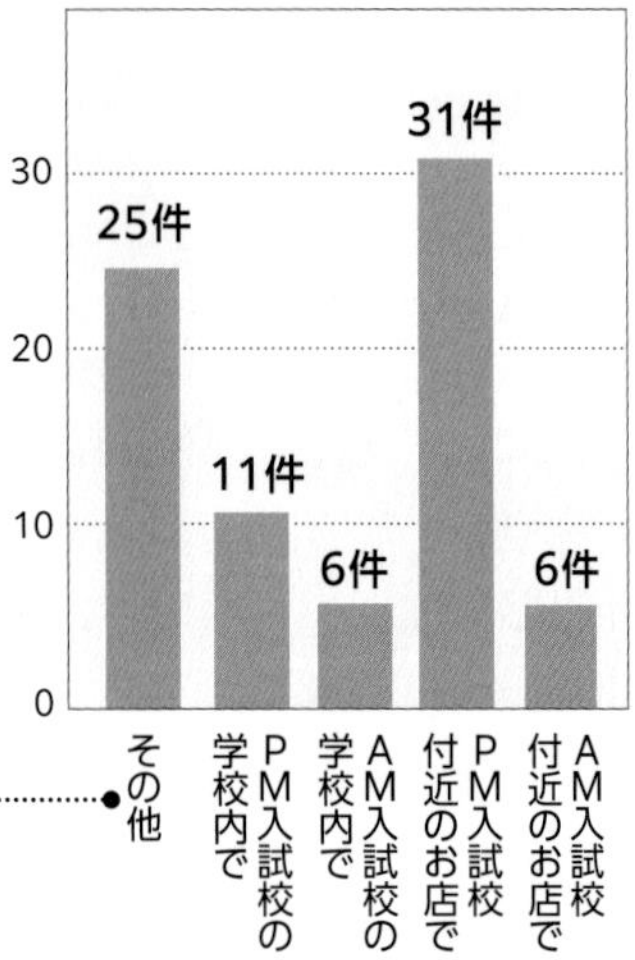

| 回答 | 件数 |
|---|---|
| AM入試校付近のお店で | 6件 |
| PM入試校付近のお店で | 31件 |
| AM入試校の学校内で | 6件 |
| PM入試校の学校内で | 11件 |
| その他 | 25件 |

先輩保護者アンケート

### Q 午後入試を受ける際の上手な活用法は？

◆思っていたより体力を消費していた。子どもの様子によって回避しても良かったのかも。（●芝）

◆移動にタクシーを使うなら事前予約しておく。（●逗子開成）

◆昼食をとる場所を事前に調べておくと良い。もしなければ近い公園やベンチのある場所も調べると良い。（●世田谷学園）

◆何があるかわからないので、まず移動。（●日本大学豊山）

◆午前校から午後校への移動距離を短くする。（●立教新座）

◆連日の午後受験は体力的にも精神的にもキツくかわいそうだった。2月1日の午後は必ず受かる安全校を受けさせてあげるべきだった。（●跡見学園）

◆昼食のお店は家族が先に店に行って席を確保しておくと、後から合流してすぐに食事をすることが

●男子校、●女子校、●共学校
（ ）内の学校名は進学先です。共学のみ、子どもの性別を記載。
コメントの内容は進学先のこととは限りません。

●事前に調べておいた移動ルートで、所要時間に注意しながら、速やかに移動する

●午前入試の出来についてはあまり聞かない

●気持ちを切り替えるため、午前入試の話はしない

## 昼食

空腹では頭が働かなくなってしまいます。午後入試の前にはちゃんと何かお腹に入れておきたいもの。午後からのもうひとがんばりに備え、試験のことはいったん忘れてリフレッシュできるようにしましょう。

### 昼食をとる

- 午後入試の会場近くで食べるのが理想
- お店で食べるなら、事前に下見を
- 時間がなければ、移動中におにぎりを食べさせるなど、必ず栄養補給を

## 午後入試開始

受験生は、入室開始時刻になったら、試験会場へ

試験会場
5階 適性検査型（GL・NS）
NS（国語選択・英語選択）
4階 GL（英語選択）
3階 GL（国語選択）


選択したコースや科目によって教室が異なることが多い

◆途中の公園で食べた。／◆移動中の電車（グリーン車）内で食べた。／◆本当に時間がぎりぎりで歩きながら…。／◆移動がとてもギリギリで駅のホーム。／◆午後入試校の最寄駅ベンチで食べた。温かい豚汁とやきそばを用意しました。／◆自家用車で移動中に食べた。

でき、余裕をもって午後入試に向かえた。（●頌栄女子学院）

◆移動時間を考え、どこでお昼を食べるか、念入りに確認しておいた。交通手段、時間も。（●田園調布学園）

◆1日の午後入試は選択科目をすごく悩み、本人が過去問を解き、解いてみたいと思える科目で受験しました。1日に合格がでると2日、3日とやはり落ち着いて受験できました。（●フェリス女学院）

◆午前入試の会場から早く出られるよう、早めの出願をするのが良い。（●市川・男子）

◆1日、2日の午後は同じ学校に出願したので、1日に合格がでて、2日は午後休めたので子どもの負担は少なくできました。（●中央大学附属・女子）

◆お昼ごはんは午後受験校の近くで1月に予約をしておきました。（●東洋大学京北・女子）

◆昼食をホテルの部屋にしたので、午後入試に向かうまでベッドに横になって休めたのが良かったと思います。（女子）

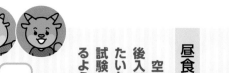

# 帰り道～帰宅後

## 入試当日

全力を出し切った受験生。保護者からは試験の内容は聞かず、「がんばったね、お疲れさま」と言葉をかけてあげましょう。受験生は一息ついてリラックスできたら、その日の試験で間違えたところや不安な箇所の確認を。出来が心配でも引きずらないことが肝心です。

● 試験の出来・不出来は聞かない

● がんばったことをほめる

午後入試の後、帰宅したのは19時ごろ！　私も疲れていたので、夕飯は前日のお鍋の残りでおじやにしました

● 試験の内容をふり返り、間違った箇所を解き直す

● 翌日の受験校の過去問を見ておく

試験に出た内容をテキストで確認したら、翌日も同じような問題が出てラッキー！

翌日の用意

早めに就寝

### 塾に寄ることも

6年生入試がんばって!!
日能研


試験の後は疲れているので、体調管理のためまっすぐ家に帰って休む人が大半。塾に寄れば、先生や友達と話すことで気持ちを切り替えられたり、翌日の受験校の対策をしたりもできる

先輩保護者アンケート

**Q 第1志望校の試験終了後はどう過ごした？**

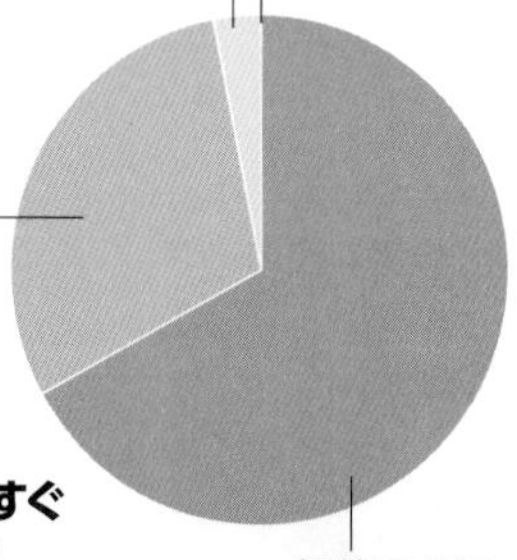

塾で翌日の対策 0%
塾に立ち寄って先生と話した 3%
まっすぐ帰宅 30%
午後入試を受験 67%


先輩保護者アンケート

**Q 試験終了後の過ごし方は？**

◆まっすぐ帰宅。翌日に第2志望校があったのでとにかく自宅で昼寝したりテレビを見たり、リラックスできるようにして良かったと思う。（●浅野）

◆終了後はまっすぐ帰宅しました。家でゆっくりして明日の準備ができてよかったです。（●開成）

◆午前午後で同じ学校を受けた日の午前入試後は、校内でお昼ごはんを食べて、近くの公園に行ってブランコに乗ってリラックスして過ごしました。（●品川女子学院）

◆午後入試まで受けて、帰宅後は翌日に向けて早く寝るよう言いましたが、本人はたらたらと準備したり、ちょこっと勉強したりしてなかなか寝つかなかったです。（●桜美林・女子）

◆会場近くで食事をして帰宅しました。（●桐光学園・男子）

●男子校、●女子校、●共学校
（　）内の学校名は進学先です。共学のみ、子どもの性別を記載。
コメントの内容は進学先のこととは限りません。

先輩保護者アンケート

# Q 直前・入試期間中のアドバイス

◆学校から発信される情報の整理と、1年前の受験情報の確認をする。（●栄光学園）

◆塾や受験雑誌で得られる〝体験談〟の情報はできるだけ早く見る。出願が始まる前にひと通り見る。直前になると親も精神的余裕がなくなるかもしれないため、早い方が良い。（●海城）

◆1月校受験後に周囲の合否に流されない。（●学習院）

◆小まめに学校のHPはチェックしておくと良いと思います。入試当日の朝に受験生へ応援メッセージを載せてくれる学校もあるので子どもに見せてあげるとモチベーションアップに繋がります。（●サレジオ学院）

◆受験日当日のタイムスケジュールと持ち物リストを早めに作ること。（●立教新座）

◆カイロなど寒さ対策グッズは多めに購入しておく。交通ICカードはあらかじめチャージし、当日にスムーズに移動出来るようにしておく。雪など天気の影響が出そうな場合、早めから受験校のHPをチェックし、変更などこまめに確認しておく。（●晃華学園）

◆親がどんと構えていないと子どもにも不安なことが伝わってしまうと思うので、母は女優に徹しました（本当はとても不安でしたが）。（●香蘭女学校）

◆入試期間中の行動予定表は事前に作って家族内で共有した方がよい。合否により、その後の出願・手続きなどが異なるため全パターンを想定しておく必要があります。（●頌栄女子学院）

◆『進学レーダー』の直前号をくまなくチェックして、わかっていて当然な内容でも全てリスト化し、スケジュールを組んで前向きに取り組むと良いです。（●女子学院）

◆入試が始まると辛い結果を受け止めなくてはいけないことが出てくると思います。親も慌てるのはあたり前なので、併願校のことやメンタルのことなどの情報を『進学レーダー』や先輩保護者、塾から得ておくとほんの少しは役立つかと。どんなに準備しても「大変な期間」になると思っておくと良い。（●女子学院）

◆まず受けないだろうな、と思う学校でも、かけこみ受験の可能性はあるので、日程や出願方法などはおさえておいて損はないと思います。（●桜美林・女子）

◆入試直前になると、親のメンタルコントロールが一番大事だと思う。どんな結果になっても、子どものがんばりを認めてあげれば、受験成功だと思う。（●東京電機大学・女子）

◆唯一親がメインで動く必要があるのが、出願、入学手続きなので、体験談を読んで流れを押さえておくと良いです。12～2月まで、受験予定の全ての学校の出願日や受験日、入学手続き締め切り日などを記入した自作のスケジュールはとても役立ちました。全体スケジュールはリビングなどに貼り、家族で共有するのをおすすめします。（●東邦大学付属東邦・男子）

◆年が明けないと受験生本人は「受験」をなかなか実感できないと思うので（1月入試が終わらないと子どもは実感できないかと思います）、あせらないことです。（●東洋大学京北・女子）

◆最後まで、というか小学生なので直前こそ、一番伸びると感じました。（●宝仙学園理数インター・女子）

# 合格発表

合格発表は子どもが初めて「自分の結果」と向き合う大切なときです。できるだけ自分の目で確認を。たとえ残念な結果でも、最後の試験まで自分を信じて。

## 受験番号は念入りに確認を

- WEBで確認する場合は受験番号やパスワードの入力間違いに注意して
- 入学手続き方法を確認
  - 入学手続き金の払い込み方法、手続きの締め切り日時をしっかり確認
- 補欠合格の番号も確認
  - 補欠・繰り上げ合格の連絡日を忘れずに確認しておこう
- 残念な結果でも弱気にならず、次の試験でがんばろう！

## 合格発表確認時の注意点

### 残念な結果でもしっかり目を通して

不合格だった場合、すぐに目をそむけたくなってしまうかもしれないが、補欠合格が出ていたり繰り上げ合格がある場合の連絡などについてお知らせのあるケースも。大切な情報を見落とさないよう、すみずみまで慎重に確認を。

### 合格書類の受け取り忘れに注意！

入学手続き期間を長く設定している学校もあるが、合格発表から数時間しかない学校も。WEB上で手続きする学校も多く、手続き忘れや書類のもらい忘れが増えている。せっかくの合格が無効にならないよう、くれぐれも注意を。

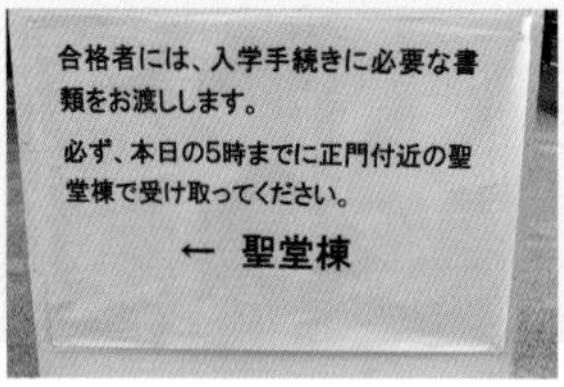
合格者には、入学手続きに必要な書類をお渡しします。
必ず、本日の5時までに正門付近の聖堂棟で受け取ってください。
← 聖堂棟

いまはほとんどの学校がWEB発表を行っています。WEB発表後、合格書類の受け取り時間が短い学校もあるので、必ず事前に確認を！

先輩保護者アンケート

## Q 合格発表時、入学手続き時に「困ったこと」や「慌てたこと」は？

◆不合格がわかり、翌日の午後校に慌てて出願。シミュレーションはしていたが、不合格のショックでメンタル的に落ち着いてはできなかった。（●鎌倉学園）

◆WEB出願のIDとパスワードで合格発表かと思い込んでいたので、何度入力しても発表サイトに行けず、よく読んだら受験番号の入力だった。よく読んでいなかったことを反省。（●）

◆20時に発表の予定がどんどん後ろにずれ、最終的に23時過ぎに発表。子どもが気になってなかなか寝られなかったが翌日も入試があったので寝かせるのが大変でした。（●）

◆合格発表のサイトが混雑していて、なかなかつながらなかった。入学手続きのために学校へ行く必

●男子校、●女子校、●共学校
（ ）内の学校名は進学先です。共学のみ、子どもの性別を記載。
コメントの内容は進学先のこととは限りません。

# 入学手続き

延納手続きや入学金の払い込みなどは日にちが錯綜します。手続き、段取りにミスがないよう、念入りに確認しました

● WEBサイト上や学校窓口で入学手続きをし、手続き金を支払って入学手続きが完了！

進学先が決まったら、塾、小学校に報告

● 入学辞退する学校へ連絡

● 「入学証明書」をもらい、役所に提出

入学予定者（合格者）登校日には必ず学校へ

さあ、中学校生活のスタートだ！

### 入学予定者（合格者）登校日とは

この日に学校に行くことは、入学の最終的な意思表示になるため、参加できない場合は必ず学校に連絡すること。連絡しないまま欠席すると、入学辞退とみなされることも。当日は制服の採寸や教科書の配布、また入学前の課題が出されるなど、中学校生活のスタートを切る日なのだ。

### 補欠・繰り上げ合格とは

入学辞退者の状況によって、追加で合格を出すのが「繰り上げ合格」。発表のとき専用窓口を設ける学校もある。不合格だったとしても、繰り上がりの連絡日などを聞いておこう。ちなみに、補欠で入学しても、その後の成績には関係ないので、心配する必要はない。

### チェックリスト　合格発表・入学手続き

- □ 入学手続き書類は受け取った？
- □ 手続きの最終締め切り日時を確認
- □ 入学手続き金の支払いは？ OR 延納届けや分納届けは出した？
- □ （ダメだと思っても）補欠合格者候補も確認を

### チェックリスト　進学先決定後

- □ 入学手続きのもれがないか再確認！
- □ 合格者登校日は確認した？
- □ 進学しない学校には辞退する旨伝えた？
- □ 進学先を塾、小学校に報告した？
- □ 公立中に進学しない旨、役所に手続きした？

要があり、発表と手続き締め切りまでの時間が短いため、注意が必要だった。（●）

◆合格発表が9時～12時で、書類の受け取りが同日の12時までだったので子どもが他校を受験中に移動しながら合否を確認し書類を受け取りに向かわなければいけなかったので、かなりあわただしかったです。分担できる人がいれば事前にお願いしておくのをおすすめします。（●・女子）

先輩保護者アンケート

先輩家族からの

# 応援メッセージ

# 中学受験して良かった！

◆子どもが成長できた。親も自分の未熟なところをたくさん知ることが出来て少しは変われたかなと思います。（●浅野）

◆自己肯定感が低い傾向が見られたのですが、自信がついたと感じます。（●浅野）

◆親子げんかもあったが、最後までやりとげられた。親が子どもに伴走できる最後の機会だった（中学になってからは自主的に勉強することを少し離れて見守っている）。仲間と意見交換しながら自分の考えや視点を深めていくという塾での学習が子どもに合っていたようで、子どもが精神的にも成長したと感じられた。（●栄光学園）

◆受験勉強する中でいろいろな知識が身に付いた。（●開成）

◆子どもの制服姿を見て感動した。（●学習院）

◆受験をしていなかったら6年生の息子とあんなに毎日会話をすることはなかったと思います。結果的に第1志望校に受かったので努力すれば夢が叶うことを実感したと思います。また、6校の不合格という厳しい現実も体験できました。（●駒場東邦）

◆同じ志を持つ友人達と切磋琢磨しながら学習でき、人間的に成長できたような気がします。（●芝）

◆とにかく波乱にみちた3年間だった。最後までやりきったこと、そして幸いにも第1志望校に合格できたことはとてもありがたいことだと思う。（●城北）

◆中学で楽しく過ごしている姿が見られて良かった。（●城北埼玉）

◆たくさんの出会いがあって（家族だけでなく）、みんなで一つの目標に向けて支え合いがんばったことは子にとっても親にとっても良い経験だった。（●逗子開成）

◆子どもと向き合う時間ができた。（●成城）

◆子どもに合う学校に進学できた。公立小学校では浮いてしまっていたが、中学ではそんなことなく楽しそう。（●武蔵）

◆自分で決めた目標に向かい努力する我が子は改めて素晴らしいと思えた。家族で協力する時間ができて、お互いを思いやる大切さを実感できた。（●鷗友学園女子）

◆母と娘の絆は強くなったと思い

●男子校、●女子校、●共学校
（ ）内の学校名は進学先です。共学のみ、子どもの性別を記載。
コメントの内容は進学先のこととは限りません。

ます。今、反抗期ですが、何かあっても母は理解してくれると思っている感じをとても強く感じる。（●吉祥女子）

◆合格も不合格も経験し子どもが精神的に成長できた。目標に向かって自分でやるべきことを考え、真剣に取り組む経験ができた。（●晃華学園）

◆学習習慣がついた。今の学校に楽しく通っている。（●香蘭女学校）

◆努力は報われると知った。あきらめずに最後までやり切ることができた。「もうやめる」と何百回も言っていたがそれでもやめなかった。（●品川女子学院）

◆子どもの意志が強いことを知り、親として支えてあげることで信頼関係が深まった。（●女子学院）

◆学ぶ楽しさを感じることで、成長できた。入学することよりも、「学ぶ」ということの大切さを小学生で経験できた。（●田園調布学園）

◆子どもについてさらに深く知ることができた。（●フェリス女学院）

◆塾での学びはとても楽しかったようです。これからもその楽しさを忘れずにいてくれたら中学受験をして良かったと思えます。（●市川・男子）

◆子どもの成長は確実にありました。初日の午前午後受験の時、昼の時間に午前のふり返りをして午後の試験に向けてできなかったところを勉強していました。結果、午前よりも上のランクで受かり、後日、最後の試験を受けて特別奨学生にも合格したので親はびっくりでした。（●・女子）

◆家族の絆が強まった。（●関東学院・女子）

◆子どもが自分で希望した学校に入学でき、楽しく通っている。日程を決めて、努力し、成功する達成感を得ることを経験できた。（●中央大学附属・女子）

## ◆入試直前の子どもの姿は感動的だった。

（●●桐光学園・男子）

## ◆中学入学後、やりたかった勉強、部活動、委員会に取り組んでいる姿を見て成長を感じる。子どもが生き生きとしていて、中学受験をして良かったと思う。

（●日本女子大学附属）

◆当たり前のように勉強するようになった。（●東京電機大学・女子）

◆子どもが成長できた。勉強の習慣が身についた（中学に入ってからも定着しています）。（●東京都市大学等々力・男子）

◆中学校に通い、「授業が楽しい」「クラブ活動でこんなことをしている」等学校の様子を教えてくれるようになりました。公立の小学校に通っていた頃に、学習のことを「楽しい」と言っていたことはほとんどないので、中学校で今までにできなかった経験をさせて頂けたのがよかったと思います。（●●桐光学園・男子）

◆勉強は好きではありませんでしたが、塾に入り、テスト結果などで出来ないと悔しい気持ち、問題が解けると嬉しい気持ちを本人が感じ、志望校に入りたいという一つの目標に向かってがんばるということを知ることができました。（●東洋大学京北・女子）

◆勉強方法を子どもが自分で考えられるようになった。（●宝仙学園理数インター・女子）

◆中学校生活を最高に楽しんでいる。笑顔が増えた。（●早稲田実業学校・女子）

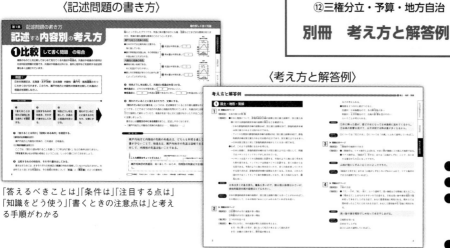

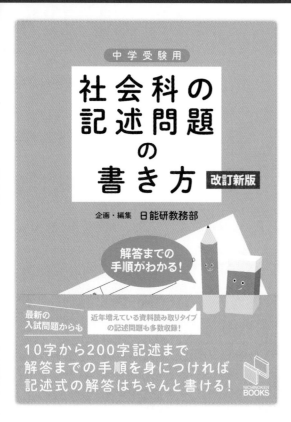

11月1日発売

2024年度中学受験用

# 2023重大ニュース

企画・編集／日能研　編集協力／毎日新聞社

## ニュースのまとめ

2024年入試で頻出が予想されるニュースを厳選。重要ポイントもわかりやすい！

## 理解するための解説

各ニュースに関連する社会科の基礎知識を、図なども用いてコンパクトに解説！

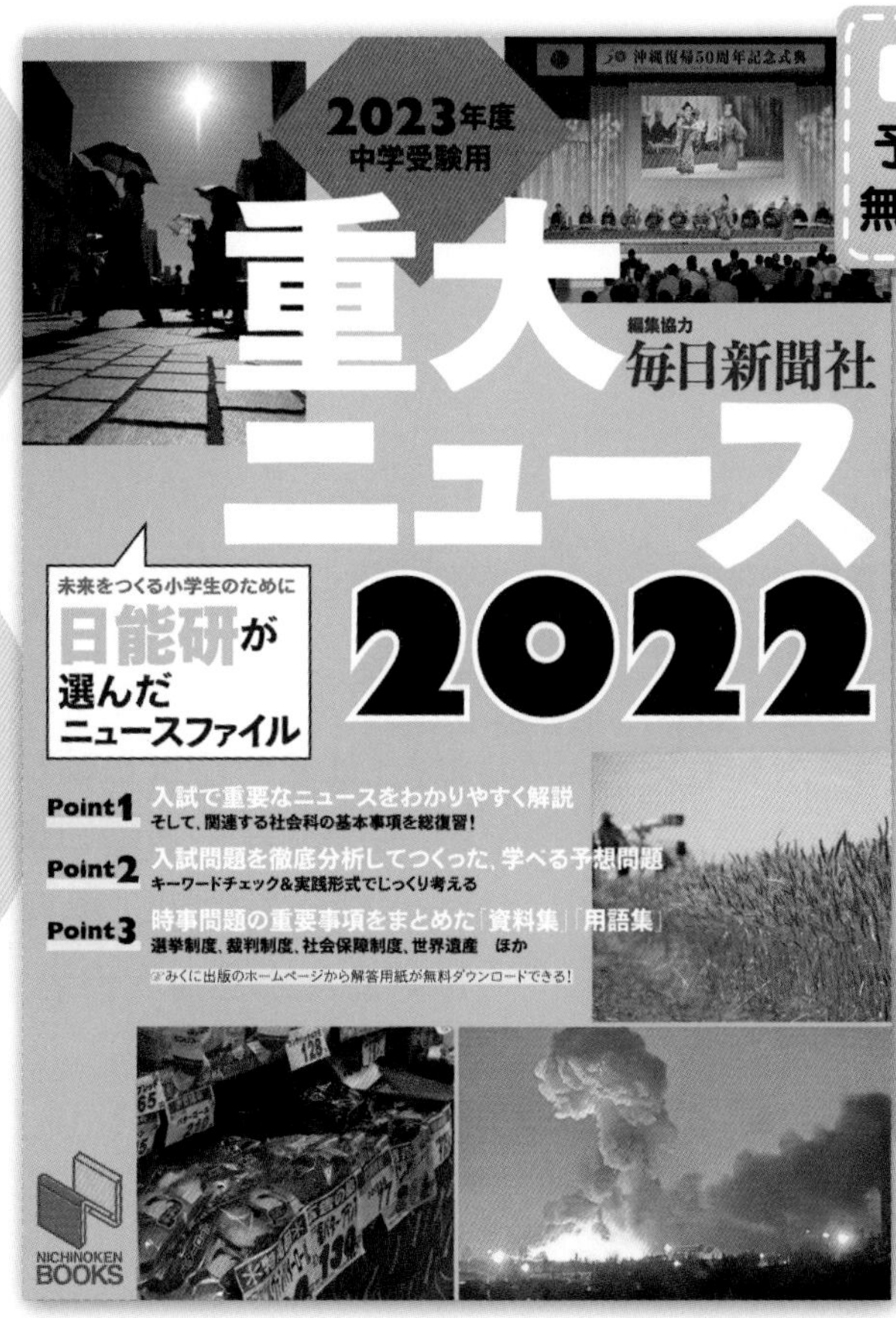

※表紙は昨年度のものです

みくに出版HPから
予想問題の解答用紙が無料ダウンロードできる

## 入試対策予想問題

キーワードがわかる「確認問題」と実践形式の「総合問題」で、２段階の対策ができる！

## 資料集・用語集

選挙制度や世界遺産など、時事問題の理解を助ける資料、用語集も充実！

定価：1,650円（税込）
B5判／約200ページ

# 2024年入試でよく出るニュースはこれだ！

**掲載内容（予定）**

**第１部**

1　Ｇ７広島サミット開催
2　緊迫続くウクライナ情勢
3　岸田政権発足から２年
4　関東大震災から100年
5　41年ぶりの物価上昇率
6　生成ＡＩの流行と社会への影響

**第２部**

7　インドの人口、世界最多へ
8　日本の出生数、過去最少
9　日本の島の数が約14000に
10　新型コロナウイルス感染症、５類へ
11　統一地方選挙
12　新紙幣いよいよ発行へ
13　整備が進む交通網
14　ＬＧＢＴ理解増進法が成立
15　脱炭素社会に向けて
16　福島原発処理水、海洋放出へ
17　気候変動をめぐる世界の動き
18　どうなる？働き方改革
19　日本をとりまく東アジア情勢
20　国産農水産物・食品の世界進出
21　文化庁が京都に移転
22　改正入管法が成立
23　変わる交通ルール
24　日本の宇宙開発のこれから

発売／みくに出版　☎03(3770)6930　http://www.mikuni-webshop.com

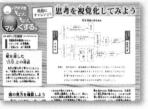

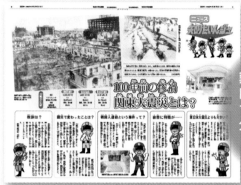

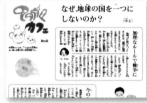

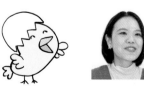

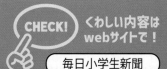

# 文教の丘に建つ快適な校舎で学ぶ！

## ― 今、注目される「大学附属の進学校」―

大学附属のメリットを最大限に活かしつつ、国公立大学・難関私立大学への進学を実現する。

## ―「生きる力」を育てる「哲学教育」―

日々刻々と変化する時代を生きていく子どもたち。求められるのは、普遍的な本質を見極める力。
「より良く生きる」ために、「なぜだろう？」「本当にそうなのか？」「これが最善なのか？」と思考する力を育て、
未来を切り拓く力を備えた人間へと成長させる。

**東洋大学京北の「国際教育」**

- English Camp（中1、中2）
- カナダ修学旅行（中3）
- セブ島英語研修（フィリピン）
- Let's Chat in English！
  （東洋大学留学生との交流会）
- 英語検定の重視
  （2022年度中3生 準2級以上取得69%）

**2024年度入試 募集要項**

| 日程 | 2月1日（木）午前 | 2月1日（木）午後 | 2月2日（金） | 2月4日（日） |
|---|---|---|---|---|
| 種別 | 第1回 | 第2回 | 第3回 | 第4回 |
| 定員 | 60名 | 25名 | 20名 | 15名 |
| 入試科目 | 4科 | 2科 | 4科 | |
| 合格発表（Web発表） | 2月1日（木）20:30 | 2月1日（木）22:30 | 2月2日（金）17:00 | 2月4日（日）17:00 |
| 入学手続（Web決済） | 2月3日（土）23:59まで | | 2月4日（日）23:59まで | 2月6日（火）23:59まで |

**学校説明会**（HPより予約をお願いします）

| 期日 | 11月11日（土） | 12月16日（土） |
|---|---|---|
| 時間 | 15:00～16:30 | |
| 会場 | 本校　第1アリーナ | |

**入試問題対策会【動画配信】**（HPより予約をお願いします）

| 期日 | 12月23日（土） |
|---|---|

**学校法人 東洋大学**

# 東洋大学京北中学校

※詳細はHPをご確認ください。

〒112-8607 東京都文京区白山2-36-5　TEL 03-3816-6211　FAX 03-3816-6215　東洋大学京北 検索

# 面接合格ガイド

まもなく入試本番を迎えるみなさんの中には、
志望校に面接試験があるという人もいることでしょう。
面接対策には、まずは心の準備が大切です。
ここでは、「これさえおさえておけば大丈夫」という面接の基本を解説します。
面接に関する疑問や不安をすっきり解消して本番に臨みましょう！

CONTENTS



イラスト☆おくやまゆか

面接のキホン

# 中学入試の面接ってどんなもの？

**ここでは、中学受験で面接を行う目的や、どのように行われているのかを紹介します。まずは基本を知ったうえで、わが家なりの対策を考えていきましょう。**

## Q 面接を行う学校は？

**A 減少傾向ですが、それでも約3割が実施しています。**

中学入試は「学力中心」の傾向が強まり、面接を廃止、簡略化する学校が増えています。面接結果は「合否にほとんど影響しない」と公表する学校も多いです。それでも首都圏では約3割の学校が面接を実施しています。

## Q その目的は？

**A 受験生・保護者と先生が気持ちを確かめ合うためです。**

いちばんの目的は、受験生・保護者の入学への熱意を確かめることにあります。学校側は、受験生や保護者が、学校の教育理念や校風、教育の中身をよく知り、自分たちに合っていると納得したうえで受験してほしいと思っているので、受験生たちに会って確認したいのです。また直接話すことで、筆記試験ではわかりづらいそれぞれの受験生の長所などを知りたいと考える学校もあるようです。

保護者面接は、家庭と学校が協力して、子どもの成長を支えていけるかどうかを確かめるために行われます。

## Q 形式は？

**A 面接の形式は大きく4パターンあります。**

最も多いのは受験生のみが1名で面接を行う形式。ほかに受験生が3～6名程度のグループで行う形式、受験生と保護者で行う形式、保護者のみなどがあります。

## Q 面接でされる質問の内容は？

**A 最も大切なのは「志望理由」です。**

受験生、保護者ともに「なぜ、その学校に入学したいか」という「志望理由」が最も大事。そのほか、受験生には、「筆記試験」「併願校」「自分」「小学校」「家族」について、保護者には「中学受験を考えた理由」「併願校」「家族」「子ども」についての質問が多いです。

※詳しくは96ページへ

## Q 採点方法は？

**A 多くの学校は、合否にほとんど影響しません。**

多くの学校は、合否にはほとんど影響しないようです。「筆記試験がボーダーライン付近の受験生で、面接という学校はあります。一方、入学の意思が全く感じられないなど「面接結果が極端に悪いと不合格になる」学校もあります。

## Q 実施日は？ 2回目の受験でも面接はあるの？

**A 「筆記試験当日」の筆記試験終了後が一般的。面接は多くの学校が1回のみです。**

ふつうは筆記試験当日の筆記試験終了後に実施しますが、筆記試験の日程より前に行う「事前面接」、後に行う「事後面接」も。

なお複数回入試がある学校を2回以上受験する場合、「面接は1回（初回）のみでOK」という学校がほとんどです。

# 面接の4つの形式はこうだ！

## 1 受験生個人

一般的なパターン

- 受験生1名
- 面接官1～2名
- 所要時間3～5分

### いちばん多いパターン。ほとんどが「参考程度」

中学入試の面接でいちばん多い形式です。面接結果については、筆記試験の結果と総合的に判断する学校もありますが、ほとんどの学校では「参考程度」としています。通常、何組かの面接が並行して行われます。順番は、受験番号順であったり、50番ごとで分かれていたりとさまざま。試験会場が違っても、質問などに大きな違いはないようです。

## 2 受験生グループ

一般的なパターン

- 受験生3～6名
- 面接官2～5名
- 所要時間10～15分

### 積極的な態度でハキハキと答えよう

よくあるパターンとしては、順番に質問されることが多いですが、質問によっては手を挙げて回答する場合もあるようです。また、始めから受験生全員で話しあうような形で行われることも。

この形式を実施している学校は、積極性や自立心を重視している傾向があり、比較的プロテスタント校に多いといえます。

## 3 受験生と保護者同伴

一般的なパターン

- 受験生1名
- 保護者1名
（※指示がある学校もあり）
- 面接官1～3名
- 所要時間5～10分

### 受験生と保護者の答えが食い違わないように

特に指示がない限り保護者は1名の出席で大丈夫ですが、「原則として両親」という学校も。両親の出席を指示する学校でどちらか1名しか出席できないときは、「父親が首都圏以外の場所で働いている」など、事情を出願時に申し出ておくといいでしょう。回答が受験生と保護者で食い違って戸惑わないよう、事前の打ち合わせも大切です。

## 4 保護者のみ

一般的なパターン

- 保護者1名
（※指示がある学校もあり）
- 面接官1～2名
- 所要時間5分前後

★「受験生個人」または「受験生グループ」と合わせて実施される

### 家庭の教育方針や親子関係がポイント

この形式も特に指示がない限り、保護者の出席は1名で大丈夫です。この形式は、「受験生のみの個人面接」または「受験生のグループ面接」と合わせて実施されます。受験生と保護者が同席しないので、「志望理由」などについて前もって親子で十分に話しあっておきましょう。保護者面接は特に「家庭の教育方針」などが聞かれます。

面接のキホン

# 面接ではどんなことに気をつけたらいいの？

**面接試験では、形式ごとに異なる注意点、形式を問わず気をつけるべき点があります。それぞれの形式でのポイントをふまえながら、基本の流れを確認していきましょう。**

## 受験生個人面接

**一人だから緊張するが、「です」「ます」をつけて大きな声ではっきりと**

- 相手の目を見て聞こえやすい声でハキハキと答えよう
- いちばん大切な質問は「志望理由」。なるべく具体的に自分なりにその学校を理解していることを伝えよう
- ウソはダメ！　わからないことは素直に「わかりません」と言えば大丈夫
- 退室するところまで見られている。最後まで気を抜かずに、あいさつをしてから退室しよう

## 受験生グループ面接

**ほかの人の話もよく聞いて、次に自分が話すときに役立てよう**

- ものおじせず、ハキハキと答えよう
- 手を挙げて答える場合などは積極的にふるまうと好印象
- 発言している人の話もきちんと聞こう
- 自分が話す番でないときは、口を出さない
- ほかの受験生と質問の答えが同じになっても、「私も同じ理由ですが、～」などと少しだけ付け加えて、冷静に答えられるようにしておくとよい

## 受験生・保護者同伴面接

**主役は子ども。保護者は出しゃばらず、温かく見守る姿勢が大切**

- 子どもが質問されているのに保護者が出しゃばって答えるのはやめよう
- 子どもの失敗も大らかに受けとめて、怒った態度をとらないように
- 保護者が小声で返答の仕方を教えたりするのもダメ
- 子どもの長所など両親が同じ質問をされた場合、違う表現で答えられるとよい
- ふだんから親子で学校のことについて話しておくことが大切

**注意**

**受験生の面接（個人・グループ）の前に、受験生と保護者が合流できないことが多い**

面接が筆記試験当日の筆記試験終了後の場合、「受験生個人」と「受験生グループ」では、面接前に受験生と保護者は合流できないことが多いので、注意しよう。

一方「保護者同伴」の場合は、同じ控え室で待機という学校が多く、控え室が別々でも合流する機会があることも。心配なら説明会などで確認しておこう。

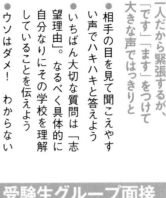

# 入室から退室までのポイント

マンガ☆田中六大

## 1 控え室から入室まで

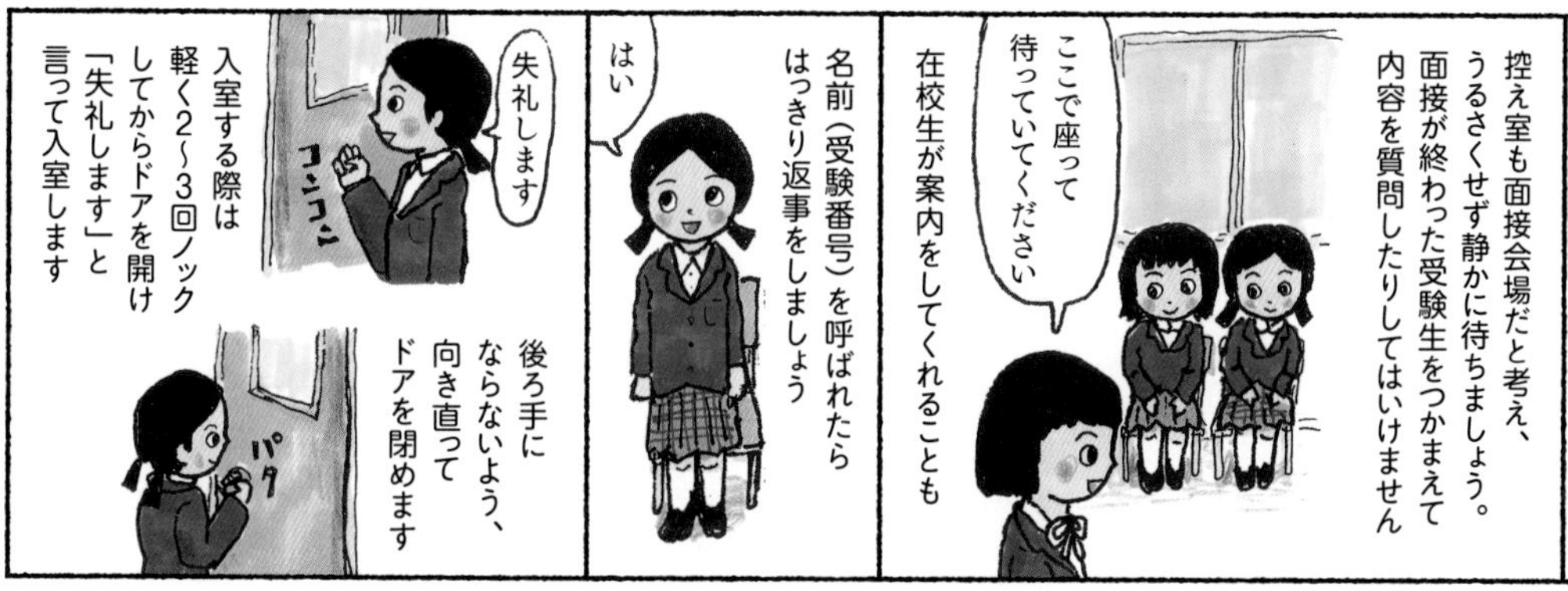
控え室も面接会場だと考え、うるさくせず静かに待ちましょう。面接が終わった受験生をつかまえて内容を質問したりしてはいけません
ここで座って待っていてください
在校生が案内をしてくれることも
名前（受験番号）を呼ばれたらはっきり返事をしましょう
はい
失礼します
コンコン
入室する際は軽く2～3回ノックしてからドアを開け「失礼します」と言って入室します
後ろ手にならないよう、向き直ってドアを閉めます
パタ

## 2 入室してから着席まで

ドアの前で面接官の先生に軽くおじぎをし、面接官の先生のほうに進みます
面接官の先生の前で受験番号と名前を言ってしっかりとおじぎをしましょう
「どうぞ」と言われてから着席しましょう。椅子の左側から右足を椅子の前に運ぶと座りやすいです
おじぎの仕方
男子
手は指先までぴんと伸ばし、身体の脇につけましょう
女子
手は頭を下げると同時に身体の前にもっていきましょう

## 3 着席から面接時まで

座り方の基本
男子
背筋を伸ばし姿勢を正します。ひざはこぶし一つ分開けておくかそろえて閉じます。足元は少しだけ開き、手は軽く握って、太ももの上へ
女子
背筋を伸ばし姿勢を正します。ひざや足はきちんとそろえ、手は重ねて太ももの上へ
無理のない範囲でていねい語で話しましょう。いつもより少し大きめの声を心がけ、ハキハキと、面接官の先生の目を見て質問に答えましょう
ハキハキ
生徒のみなさんがとてもやさしくて学校の雰囲気が……

## 4 面接終了から退室まで

面接が終わったら椅子から立ち上がり面接官の先生に心をこめてしっかりとあいさつしましょう
ありがとうございました
ドアに向かって歩き、いったんドアの前で先生のほうに向き直り、「では、失礼します」と言って軽くおじぎをします
では失礼します
静かにドアを開閉して退室。退室後も気を抜かず、先生や係の生徒の指示にしたがって静かに戻りましょう

面接のキホン

# 面接はどんな服装で受けたらいいの?

面接の服装は常識をわきまえたものであれば問題ないですが、やはり悩んでしまう受験生親子は多いよう。ここでは先輩親子のアドバイスを参考にした「一般的な服装」をご紹介します。

## 受験生の服装

受験生の服装は、男子は「セーター」が、女子は「ブレザー」が一般的といわれている。ただ、最も大切なのは清潔感。派手なものは避け「小学生らしさ」を忘れないようにしよう。

### あらたまった服装の例

**男子 女子 髪の毛**

あまり個性的な髪形は控えよう。絶えず髪をかきあげるのはよい印象を与えないため、前髪が目にかからないように。女子は、長い髪は結ぶなどしてきりっとさせておこう

**男子 服装**

襟つきシャツと紺・グレーなど落ち着いた色のセーターが多く、学校によっては紺などのブレザーも。「ふだんの服装で」といってもジーンズは避けよう。あらたまった服装が多い学校でも、ネクタイを着用する受験生はほとんどいない

一部の伝統校などでは、男子もブレザーが多く、女子もほとんどがブレザーとスカートだが、ふだんの服装でも問題ない。ただし、ほかの受験生と異なる服装にして、そのことが気にかかり集中できないようであれば、多数派に合わせたほうが無難だろう。

**女子 服装**

紺やグレーのブレザーとチェックのスカートに、白か紺のハイソックスが一般的。襟元にリボンをつける受験生も。派手な模様のソックスは控えよう。筆記試験にはズボン姿で臨み、面接前にスカートなどに着替える受験生もいるが、その時は着替える時間や場所があるかを、あらかじめ調べておこう

**男子 女子 靴**

男女ともにローファーなど革靴が多いが、清潔なスニーカーでもかまわない。上履きの場合、新品である必要はないが、汚れていないか確認を。雪・雨の日は履き替え用の靴、または汚れを拭く布を用意しよう

**面接服を購入する場合は……**

卒業式などで着る機会もあり、面接を機に、ブレザーやスカート・ズボンの購入を考えることもあるだろう。デパートでは、ブレザーは10月ごろから出始めるが、一般的なサイズはなくなるのが早く、年を越してからでは手に入りにくくなる。購入するなら、袖丈や裾直しの時間も見込んで早めの準備を。

### ラフでいい学校の例

「ラフでいい学校」でも清潔感を心がけて。「あらたまった服装」の場合も同様だが、身だしなみについてのチェックは前日までに済ませておき、入試当日になってから、保護者が受験生に細かなことは言わないほうがいいだろう。

**「ふだん着のまま」は避けよう**

「ラフな服装」といっても、キャラクターのデザインや派手な色や柄は避け、あまりに「ふだん着」にならないこと。また、シミや汚れに気をつけ、だらしない印象を与えないようにしよう。落ち着いた色合いで、女子はセーターやカーディガンとスカート(ズボン)、男子はトレーナーやセーターとズボンなどが一般的。

## 保護者の服装

保護者の服装については、「面接の場である」ということが十分理解されたものでさえあれば問題ない。母親はパンツスタイルでも構わないだろう。父親も母親も「控えめ」がキーワード。

**父親 服装**

紺かダークグレーの、シングルのスーツが一般的。光沢のある生地や金ボタン、色柄のシャツ、派手なネクタイは避けよう

**父親 母親 靴**

シンプルな型の革靴が望ましく、きちんと磨いておこう。スニーカー、ミュールなどはNG。寒い時期だが、ロングブーツも避けたい

**母親 髪の毛**

派手な髪形や過度に明るい髪色は控えて、上品で、落ち着いて見えるように

**母親 アクセサリー ほか**

濃い化粧は厳禁。爪も清潔に切り、派手な色のマニキュアやネイルアート、匂いの強い香水も控えよう。アクセサリー類も華美なものは避けたほうが無難

**母親 服装**

紺やグレーなど落ち着いた色のスーツが一般的。スーツでなくても、色や柄が派手でなく、きちんとした服装で臨みたい。「ちょっと地味すぎるかな？」と思うくらいでちょうど良い

## 用意しておくと安心なグッズ

### 歯みがきセット

お弁当の海苔が歯についていたり、歯に何かがはさまって気になってしまったり、ということも。みがくときは歯みがき粉をたらさないように気をつけて

### ソーイングセット

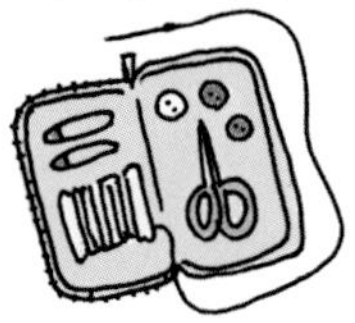

緊張していると、小さなアクシデントにも動揺してしまうもの。「ボタンが取れそう！ 裾がほころびている！」などといった急なトラブルにも、ソーイングセットがあれば安心！

### ビニールシート

筆記試験後、面接のために服を着替える受験生もいるが、更衣室が用意されていないケースも多い。そんなときシートがあると便利。服や荷物も置け、汚れずにすむ

### 学校パンフレット・願書のコピーなど

面接の待ち時間に志望理由などをおさらいしておきたい。緊張して他校の校風などと間違えないように！

### 鏡・ブラシ・エチケットブラシ

ブラシなどで身だしなみを整えよう。口元が汚れていないか、服にシミはないか、肩に抜け毛がついていないかなど、手鏡でチェックすれば、自信をもって臨めるはず

### しみ抜き

面接の前にお弁当を食べていて、うっかり食べたものの汁を飛ばしてしまったときも、しみ抜きを用意しておけばすぐに対処でき、安心して面接に臨める

### 大きめの袋（バッグ）

コートやマフラーなど、冬の装いはかさばるもの。控え室から面接会場へと移動するときなど、大きな袋やバッグ一つにまとめておけば、持ち運びがスムーズになる

面接のナカミ

# 面接では、どんなことを聞かれるの？

面接ではどんな質問をされるのか、不安に思っている受験生親子も多いことでしょう。ここでは一番聞かれる「志望理由」について考え、問答のシミュレーションもしてみましょう。

### よくある質問内容

- 志望理由
- 入学後の抱負
- 小学校生活のこと
- 自分について
- 筆記試験について

「志望理由」は、例年、かなり多くの学校ですべての受験生に対して質問している。これ以外では、「家庭学習」「併願校」「学校までの交通経路」などがある

## 大多数の学校が受験生全員に聞く「志望理由」

学校が面接で一番知りたいのは、「なぜ、この学校を受験したか」という「志望理由」です。どの学校も、教育理念や教育方針をしっかり理解・賛同し、学校とともに歩んでいこうという「入学への意欲」が強い受験生を求めています。それは「志望理由」から判断されるのです。

面接のために志望理由を考える、というのは変な話ですが、面接をきっかけに改めて学校について調べ、ますます理解できるのも事実。第1、第2志望校はもちろん、そのほかの併願校についても、受験生本人も学校のことを知り、気に入ったところを言えるようにしておきましょう。

「志望理由」以外にも受験生は、「入学後何がしたいか」「小学校生

### 入学願書の志望理由の書き方

**❶ 入力（記入）前に下書きをしよう**

何の準備もなく、いきなり志望理由を入力（記入）するのは難しいもの。ＷＥＢ出願の場合は事前に文字数を確認し、字数内に収まるように文章をまとめておこう。紙に記入する場合はコピーを取り、下書きしてから本番用紙に記入するといいだろう。

**❷ 深く質問されても答えられる内容を**

行っていないのに「一昨年、文化祭に行った際は……」などと、ウソを書くのは当然タブー。保護者同伴面接がある場合は、親子で発言内容に齟齬が出ないよう、入力（記入）内容を面接前に再確認しておこう。

**❸ 文章がまとまったら細部をチェック**

文章をまとめ終えたら、誤字・脱字がないか確認しよう。ＷＥＢ出願の場合は指定字数になっているか、紙の場合は字の大きさやバランスなどもチェック。書いた本人以外の人にも確認してもらうとベスト。

**❹ 出願内容をプリントアウトし、面接前に確認**

志望理由は、出願前に必ずプリントアウトしておこう。紙の場合もコピーをとっておいて。いずれも面接当日に持って行き、面接前に内容を再確認しておきたい。くれぐれも別の学校の志望理由を答えたりしないよう気をつけて。

活」、保護者は「子どもについて」「教育方針」などが聞かれます。

## 「志望理由」で強調したいのは「学校の中身」に関すること

具体的な志望理由は、だいたい左の11項目に分けられます。

２０２３年７月実施の日能研全国公開模試を受験した６年生（保護者）対象の調査（複数回答）では、志望理由の上位は男女ともほぼ同じで、男女の１位は「交通の便」。これはもちろん、「魅力的な学校でも、通える範囲でなければ選択できない」ということですが、近年は鉄道の相互乗り入れなどで通学圏は広がっています。

男女の２位は「現在の校風」。子どもが大きく成長するために、「子どもに合った雰囲気・環境の学校を選びたい」という強い思いが感じられる結果です。男子の４位・女子の３位は「過去から継承している教育理念・校風」。男子の３位・女子の４位は「大学付属校だから」。付属校人気はまだ高い状態です。

「志望理由」として、受験生が、校舎・設備、制服、クラブ活動など目に見えるものに注目する一方、保護者は、教育理念や進路指導など子どもの成長に関わることを重視する傾向があります。受験生と保護者とで志望理由が異なるのは不思議ではないので、無理に統一させる必要はありませんが、面接では、どちらか一方だけがその学校を強く志望しているという印象を与えることは避けたいので、注意しましょう。

**「出願時」以外に、受験生または保護者が記入するアンケート類を実施する学校も**

内容は、「志望理由」のほか、「併願校について」「学習について」などが多く、「受験生の長所と短所」「家庭の教育方針」といった項目も。これらは、面接の資料として利用される場合も多い。

### 志望理由

強調したい項目

| | |
|---|---|
| 伝統的な校風・教育理念 | 建学の精神や校風・教育理念に理解・賛同できる受験生・保護者は好印象。特に宗教校は、その宗教に対する理解がなければ充実した学校生活が送りにくい。保護者はしっかり把握しておこう。 |
| 現在の校風・教育内容、学校の熱意 | 建学の精神は不変でも、具体的な教育内容は時代に即して変化する。保護者は、学校の最新の情報を得て、意欲的な取り組みを理解しておくとともに、改革に取り組む熱意にも注目しよう。 |
| クラブ活動・行事・制服など学校生活 | 参加したいクラブ活動や行事に触れることは、入学後の意欲につながる。保護者が制服を重視することは少ないが、制服の有無や、身だしなみの指導などは教育理念に通ずることも。 |
| 親・兄姉・友人 | 保護者が卒業生だからといって優遇されることはないが、兄姉が在学中、あるいは家族や知人に卒業生がいるということは、その学校をよく理解して入学を望んでいるという一つの証になる。 |
| 進路指導・大学合格実績 | 大学実績を真っ先にあげては中高を単なる通過点と思っている印象を与えてしまう。大学卒業後の先を見据えた進路指導や具体的な教育内容とあわせて答えよう。 |
| 施設・設備 | 理科実験室、体育施設、図書館など充実した施設・設備について十分に調べ、その教育的なねらいを知ることは、学校の教育方針への理解にもつながる。新校舎などの最新情報は必ずチェックを。 |
| 男子校・女子校・共学校 | 男女別学の特色などは、学校訪問した際にも感じておくとよい。共学校化して間もない学校では設備やクラブなども確認。面接では、「男子校だから」などだけでなく良いところを具体的に。 |
| 交通の便 | 交通機関が発達している今日、遠距離でも通学に支障がないという意味で「交通の便」をあげるのは良い。だがまずは教育理念への共感などが第一、「家が近いから」を真っ先にあげるのは控えたい。 |
| 合格難易度 | 志望校決定のとき偏差値は重要な目安になる。でも面接で「偏差値から見て妥当」などというのは当然失礼。同レベルの学校の中でもそこを選んだ理由を。 |
| 学費 | 国公立校の場合、「学費が安い」ことも志望理由になるだろう。私学でも、学費を志望校決定の一つの基準にすることはあるかもしれないが、面接の場ではあえて触れなくてもいい。 |
| その他 | 午後入試などもあり、「他校と併願をしやすいから」も志望理由の上位にあがってきている。しかし、たとえ志望順位が低くても、面接の場では進学の意思を伝えること。 |

言い方を工夫したほうがいい項目

#「わが家の回答」書き込み欄付き！
# よくある質問と回答例

ここではよくある質問と回答例をまとめました。これらを参考に自分なり、わが家なりの答えをあらかじめ考えておきましょう。

## 受験生編

面接ではていねいに話すことは大事ですが、ふだん口にしないような大げさな敬語を使うのは失敗のもと。尊敬の気持ちさえ忘れなければ、小学生らしい話し方で大丈夫です。大きな声でハキハキと答えましょう。

### 試験について

面接が始まってすぐに聞かれることが多い質問。比較的簡単に答えられるものが多く、受験生の緊張をほぐして、ありのままの姿を見ようとしている。

### Q1 受験番号と名前を言ってください

☺ はい。受験番号は●番です。私の名前は○○○○です

✕ ●番。○○○○

**「です」「ます」をつけ、大きな声で**

ほとんどの学校で最初に受験番号と名前を聞かれる。単語だけでなく、「私（僕）は～」とできるだけ主語をつけ、語尾に必ず「です」「ます」を。落ち着いて大きな声ではっきりと答えよう。受験番号は他の学校と間違えないように。

**わが家の回答**

### Q2 筆記試験の出来はどうでしたか？

☺ 得意なはずの算数で予想以上に手間取ってしまいましたが、自分の力は出し切ったと思います

✕ すっげー楽勝でした。
塾のテストに比べれば、すっごく簡単でした

**あせらず、気負わず、正直に**

筆記試験の時の様子や出来を問う質問。先生の手元に筆記試験の結果が用意されていることもあるので、思ったことを正直に答えよう。思うように実力が出せなかったとしても、「面接で挽回するぞ」くらいの気持ちで元気に臨もう。

**わが家の回答**

☺ よい回答例　✕ 悪い回答、または、もう少し工夫がほしい回答例

## Q3 他にはどこの学校を受験していますか？

受験生 □□中学校と、△△中学校も受験しています

先生 他の学校にも受かったらどうしますか？

😊 どの学校も好きな学校です。どこに進学するかは両親と相談して決めようと思っています

😵 □□中学校（他校）に行きます

😊 私は、はじめてこの学校の文化祭に来た時から、この学校に入学したいと思っていました。他の学校も受けましたが、この学校に入学できたらとてもうれしいです

**併願校については、正直に答えてもよい**

併願校の質問には、学校側が第１志望校か安全校かを知り、入学辞退者数をつかみたいという意図がある。中学受験では複数校受験するのがふつうなので、正直に答えてよい。どこに進学するかを聞かれたら、第２志望校以下でも進学の意思を表そう。

**わが家の回答**

## 学校について

「この学校に入りたい」という気持ちがどれだけ強いかを確認する質問。「志望理由」に関係した質問や「入学後の意欲・目標」といった質問がよく出るようだ。

## Q4 今朝は、どうやってこの学校まで来ましたか？

😊 家からバスで自由が丘駅へ出て、東急線に乗って渋谷駅まで行きました。そこから山手線に乗り換えて目白駅で降り、学校まで歩いて来ました

😵 バスに乗って…駅について…電車に乗ってぇ…乗り換えて…電車を降りて…歩いて来ました

**だらだらと続けず、順序だてて話す**

「通学ルートを知っているか」だけでなく、簡単な内容をきちんと整理して話せるかを見る質問。できるだけ受験生自身が通学ルートや所要時間を把握しておくこと。また、公共の場でのマナーに関して問われることもあるので日ごろから気にかけておこう。

**わが家の回答**

## Q5 どうしてこの学校を受験したのですか?

😊 私は、将来獣医になりたいと思っています。この学校は、理系に進む生徒が多いと聞きました。私もこの学校に入学して、夢をかなえたいと思っています

😵 大学で理系に進む生徒が多いからです

### 教育方針を知っておく

「志望理由」は、面接で最も重要な質問だ。行事、クラブ、教科教育の特徴などと結びつけて具体的に答えるとよい。自分なりにその学校を理解し気に入っていて、自分の意思で受験しているということを伝えよう。

### わが家の回答

## Q6 この学校を知ったきっかけを教えてください

😊 塾の先生から、先生と生徒が家族のように温かい雰囲気であるところが私に合っていると教えてもらいました。そして授業体験に参加して、先生方や先輩たちに優しく接してもらい、この学校に通いたいと思いました

😵 塾の先生にすすめられました

### 志望理由や入学後の意欲と関連づけて

学校訪問をした時の学校や在校生の印象とともに「志望校に選んだきっかけ」などもあわせて答えると、本人が積極的に選んだことが伝わる。事前に、その学校を知ってから志望校に選ぶまでを順を追って整理し、「入学後何をしたいか」まで含めて考えておこう。

### わが家の回答

## Q7 入試日以前にこの学校に来たことがありますか？

はい。体育祭で見た騎馬戦の迫力に圧倒されました。最後の大将戦で両チームとも全力で応援していたのを見て、自分もやってみたいと強く思いました

いいえ。事前に来ることは出来ませんでした。学校説明会に参加した母から詳しく話を聞いたり、学校紹介の動画を見て学校の様子を知りました

いいえ。今日初めて来ました

**なければ「ありません」でいい。ウソは厳禁**

先生方は、学校訪問の経験やその感想から、受験生の熱意や思いを知りたがっている。印象に残ったことなどを簡潔に話そう。受験校には入試前に一度は訪れておくべきだが、訪れたことがなければ、正直に答えよう。

**わが家の回答**

## 自分について

受験生本人についての質問もよく出る。「学習に対する意欲や関心」のほか、「受験生の人がら」を知るために、「長所や短所」「関心をもっていること」などが聞かれる。

## Q8 自己紹介（自己アピール）をしてください

はい。受験番号●番の○○○です。私は3人兄弟の末っ子で中学3年生の兄と2年生の姉がいます。私は、小さいころから空手を習っていたおかげか、身体が丈夫で、風邪もひいたことがないのが小さな自慢です

**わが家の回答**

## Q9 家庭学習にはどのように取り組んでいますか?

(よい回答例) 学校の宿題は夜遅くならないように、なるべく学校から帰ってからすぐにするようにしています

(悪い回答例) 母から朝、学校へ行く前に漢字と計算練習をするように決められています

### 学習への自主的な姿勢を示す

自己アピールは、自分の何を強調したいかが大事。受験生なら学習に多くの時間を割いているのは当然だが、受験だけの生活という印象を与えないようにしたい。学習は「親が言うから」ではなく、自主的に取り組んでいる姿勢を伝えよう。

わが家の回答

## Q10 好きな科目と苦手な科目を教えてください

(よい回答例) 私は、図工が好きで、特に絵を描くことが好きです。苦手な科目は算数で、計算が遅いので、問題集などで練習問題をがんばっています

(悪い回答例) 塾のテストでは、社会科の成績が良かったです

### すべての科目から考える

「好きな科目・苦手な科目」は、入試科目だけでなく小学校のすべての科目から答えよう。理由や自分のがんばりも付け加えるとよい。

わが家の回答

## Q11 将来の夢を教えてください

(よい回答例) 私は、物語を考えたり絵を描いたりすることが好きなので、マンガ家になりたいです

(悪い回答例) マンガ家です

### 「なぜ、なにを、どのように」を簡潔に

6年生ではまだ具体的な夢や趣味がない人が多いのは先生方もわかっているので、大まかな願望や興味でも大丈夫。大切なのは「何が好きか」ではなく、その理由や具体的なものをきちんと説明できることだ。

わが家の回答

よい回答例　悪い回答、または、もう少し工夫がほしい回答例

## Q12 あなたの長所と短所を教えてください

私は友達から、きちんとしていると言われたことがあります。でも自分では、細かいところを気にし過ぎると思っています

**エピソードなどを交え、具体的に**

性格などの質問は、自分自身をどれだけ客観的に見ることができるかを確かめるもの。なぜそう思うのか、さらに深く質問されることもあるので、実際にあったことなどのエピソードを交えながら具体的に答えよう。

**わが家の回答**

### 小学校について

ここで聞きたいのは、「充実した小学校時代を過ごしたか」「学校生活に意欲的に取り組んできたか」など。さまざまな活動をとおして「内面的にいかに成長したか」を伝えよう。

## Q13 小学校生活で、いちばん印象に残っていることは何ですか?

5年生の時に、クラス対抗のサッカー大会で優勝したことです。みんなで考えた作戦どおりに動けたので、すごくうれしかったです

特にありません

**協調性・積極性などを見る**

これらの質問では、興味関心だけでなく集団生活の中での指導力、協調性、積極性などを見ようとしている。周りと協力したことや、その経験をとおして自分が学んだことなどを、理由とともに具体的に話せるとよい。

**わが家の回答**

## Q14 クラブ活動は何に入っていますか?

私は、絵を描くことが大好きなので絵本クラブに入っています。毎年、クラブの作品集をまとめていますが、卒業までにもう一冊出すので、入試が終わったら急いで取りかかります

**わが家の回答**

## 家族について

家族間のコミュニケーションの様子を知るための質問。「家族の一員としての自覚」を持っているかがポイント。特にカトリック校でよく聞かれるよう。

## Q15 家ではどんなお手伝いをしていますか？

（よい回答例）5年生までは夕食後の食器洗いが私の担当でした。受験の間はしませんでしたが、終わったらまたしたいと思います

（悪い回答例）特に決められてはいませんが、ペットの世話をしたり…（実際にはやっていない）

先生 どんな世話ですか

（悪い回答例）えーっと……

### “ウソ”の答えはすぐにわかる

家の手伝いについての質問は女子校に多い。ふだんから取り組んでいることを答えるのがよいが、何もしていない場合は、「受験の間はしませんでしたが、これからはたくさんお手伝いしようと思っています」などと付け加えて。

わが家の回答

## Q16 お父さん、お母さんはどんな人ですか？

（よい回答例）父は歴史が得意で、面白い歴史の本を買ってきてくれたり、問題を出し合ったりしています。母は前向きな性格で、テストの成績が悪く私が落ち込んでいた時に、出来たところをほめて励ましてくれました

（悪い回答例）父はサラリーマンで、母は専業主婦です

### 家庭での親子関係が問われる

この質問では、親子関係の様子を見ようとしている。職業などを答えるよりも、自分との関わりや家族関係の中での「好きなところ」「よいところ」などをあげよう。ふだんあまり意識しないことなので、事前にどう答えるか考えておくといいだろう。

わが家の回答

（笑顔マーク）よい回答例　（×マーク）悪い回答、または、もう少し工夫がほしい回答例

# 保護者編

保護者の場合、ポイントは学校の教育理念への理解と賛同、家庭の教育方針。保護者としての考えをしっかりと話せるようにしておきましょう。もちろん受験生と意見を確認しあっておくことも大切です。

## 学校について

「なぜその学校なのか」がテーマ。志望校選択において、家庭内で意見が一致しているかが聞かれる。親子とも学校を十分理解して決めたということを伝えよう。

### Q1 どうしてこの学校を受験したのですか？

○ 学校説明会で校長先生のお話をうかがい、教育への熱意を感じました。また、自由ななかにも規律を重んじる方針に共感いたしました

× 子どもの実力にちょうどよいと思ったからです

**漠然とではなく、具体例をあげる**

具体的なポイントをあげて、「教育理念や校風をよく理解したうえで子どもを預けたい」という思いを伝えよう。親子ともに希望しているということも加えるとよい。面接には、最低限、学校名の由来や教育理念・校訓について調べて臨もう。また、学校行事への参加の意思などを聞かれた場合には、学校への協力姿勢を表すこと。

**わが家の回答**

### Q2 本校の理念・校風をご存知ですか？

○ はい。従順・勤勉・愛徳が校訓だとうかがっております。娘にもその校訓に従って心を育んでいってほしいと思っております

**わが家の回答**

### Q3 わが校はキリスト教に基づく教育を行っていますが、ご存知ですか？

○ 私自身は信者ではありませんが、キリスト教の愛をもって人に奉仕する心は、大切なものと考えています。ですから、子どもにはキリスト教による教育をしていただくことについて、まったく異存はありません

× 私自身は信者ではありませんし、キリスト教についてもよくわからないので、学校の方針に従います

**わからないなりに理解を示す**

ミッション系の学校では、これを聞かれることもある。信仰の有無は気にしなくてよいが、学校が行う宗教教育や行事への理解は必要。自分なりに理解した宗教教育の長所、それに基づく教育に賛同する旨を伝えよう。「保護者自身がミッション校出身」などの関わりがあればそれを伝えても。

**わが家の回答**

## Q4 この学校に期待していることは何ですか?

（よい回答例）生徒の自主性を重んじる校風のなかで、自分で考える人間に成長してほしいと思っています

（悪い回答例）併設大学の医学部に進学できることです

### 入学への意思を込めて具体的に

この質問は志望理由と重なるが、「入学後への期待」はその学校の教育内容と深く関わるので、教育理念や校風の理解が欠かせない。家庭の教育方針と関連づけて答えよう。大学付属校の場合、推薦進学のみを入学の目的とせず、大学生活まで含めた大きな視点で。

わが家の回答

## 受験について

中高一貫校を選んだ理由を確認。どんな取り組みに賛同し、子どもをどう育てたいかにつながる重要な質問だ。「受験準備について(塾でのこと)」の質問も多い。

## Q5 なぜ、中学受験しようと考えましたか?

（よい回答例）中学受験では、子どもに合った学校を選ぶことができると思いました。また、目標に向かって努力することも学んでほしいと思いました

（悪い回答例）私学は大学受験の指導がしっかりしているので、いい大学へ進学してほしいと中学受験を決めました

### 中学・高校を大学への通過点にしない

中学受験を決めた理由の一つとして、「私学の大学進学実績の良さ」をあげる保護者は多いが、面接の場でそれをいちばんにあげるのはよくない。「教育環境の良さ」「その結果としての子どもの成長」などその学校だからこそ得られるものを答えること。

わが家の回答

## Q6 お兄さんと同じ学校を選ばなかったのはなぜですか?

（よい回答例）兄が通う□□学園の教育もすばらしいのですが、弟の○○には、御校の自立心を養うという教育方針が合っていると思いましたし、息子自身も御校を強く志望しておりました

（悪い回答例）兄に比べて偏差値が伸び悩みましたので、同じ学校を志望するのは無理だと考えました。子どもの実力に、ちょうどよいと思ったからです

### 他校を悪く言うことは望ましくない

受験校の決定には、学力以外にも、家庭の教育方針などさまざまな要素が関わってくる。何か事情があったとしても、「選ばなかった理由」より「選んだ理由」を押し出すことで入学への強い意思を表そう。また、他校を悪く言うことは極力避けたい。

わが家の回答

よい回答例　悪い回答、または、もう少し工夫がほしい回答例

## 子ども・家族について

子どもについては、子どものことをどの程度把握しているか、家族については、親子のコミュニケーションや保護者が子どもをどう育てていきたいかが問われる。中学入学後、学校と協力して子どもを育てていく姿勢も見せよう。

## Q7 通知表にある、出席停止の理由は何ですか？

☺ 4年生の時の出席停止はインフルエンザに伴うもので、5年生の出席停止は祖母の死による忌引きによるものです

**通知表の記載は正直に答える**

通知表や調査書の出欠状況について質問されることも。欠席が多い場合も正直に説明し、学校生活に支障がない旨を伝えよう。何年か前のことも答えられるよう事前に確認しておくとよい。

**わが家の回答**

## Q8 お子さんの長所と短所を教えてください

☺ ○○の長所は、明るく朗らかなところだと思います。短所は、少しわがままなところがあったのですが、最近は妹の学習を見てあげるなど、兄らしいところをみせるようになりました

**長所は自慢でなく、短所は控えめに**

子どもの性格を推しはかるだけでなく、親が子どもをどのように理解しているかも見ている。具体例をあげつつ、長所は自慢になり過ぎず、短所はどう克服しようとしているかも付け加えて。

**わが家の回答**

## Q9 家庭でのしつけで大切にしていることは？

☺ ○○に言い続けているのは、「親しき仲にも礼儀あり」です。親子や兄弟でも、あいさつや言葉遣いは大切だと思います

✕ のびのび育ってほしいので、特にしつけは意識していません

**家庭の教育方針や子育ての姿勢を見る**

学校は、どのような教育方針で子どもに接してきたかを知りたがっている。子どもの教育に関心がない、あるいは消極的に見える家庭では、不安に思われるだろう。逆に子育てや教育についての持論を滔々と述べることも避けたい。

**わが家の回答**

実技のキホン

# 実技試験ってどんなもの？

**Q 実技を行う学校は？**

**A 首都圏では4校程度です。**

首都圏の2023年入試で実技試験を行ったのは、私立では慶應義塾の3校（●慶應義塾普通部、●慶應義塾湘南藤沢、●慶應義塾中等部）と、国立大学附属校の▲●東京大学教育学部附属など。慶應3校はともに体育実技を実施。

**Q 何を見られるの？**

**A 科目ごとの能力よりも、課題に対して真剣に取り組む姿勢。**

実技試験では、個別の科目に対する能力を見るというより、与えられた課題に対して真剣に取り組んだかどうかも判断基準になるようです。例えば慶應3校は、事前の説明を集中して聞き、理解してきちんと実行できるかも判定ポイント。着替えや移動時など実技をしていないときの態度も見られていることを意識して、キビキビと。

**Q 対策は？**

**A 特別な練習は不要です。小学校の授業を大切に。**

事前に練習や準備をする必要はありません。運動が苦手で体育実技が不安なら、なわとびやボールのパスなどに慣れておくとよいでしょう。

**Q 体育実技の具体的な内容は？**

**A 主に下記のような項目があり、これらをいくつか組み合わせる場合が多いです。**

## 体育実技試験の例

### マット運動

マットを使った基本運動。前転、後転など小学校で行うものがほとんど。苦手でも前向きに挑戦しよう。

### ハンドボール投げ

基本運動の「投げる」動作の実技。バレーボールを使ったり、係の在校生とパスをさせるケースもある。

### 跳び箱

基本運動のひとつ。何段跳べるかより、真剣に跳ぼうという姿勢が大切。各受験生に合った高さを選べる学校も。

### なわとび

基本運動のひとつ。前跳び、後ろ跳び、二重跳びなどが課されるが、見られるのは一生懸命に取り組む姿勢。

### お手玉拾い

シャトルランの変型。走って行って取ったお手玉を、はみ出させず枠の中にきちんと入れることがポイント。

### シャトルラン

カラーコーンの間など決められた区間を往復して走ることが多い。ほかの運動と組み合わせて課されることも。

### ジグザグドリブル

ドリブルは手または足で行う。たとえボールを逃がしたりしてしまっても最後までやりきることが大事。

### 反復横跳び

基本運動だが、基準線の外側に手をつきながら跳ばせたり、ほかの運動と組み合わせて課せられることも。

**実技試験のポイントは、失敗をおそれず真剣に取り組むこと。面接と同じように、気持ちのよいあいさつとまじめな態度が好印象を与えます。自分なりに一生懸命取り組みましょう。**

●男子校、●共学校、▲国立大学附属校

# “喜びの声”大募集！

進学先が決まった喜びを
『進学レーダー』に送ってね。
みんなの感動の声を
待ってるよ！
詳しい応募方法は裏面も見てね。

両面の必要事項をご記入のうえ、点線で切り取り、そのまま投函してください（切手不要）。

郵便はがき

料金受取人払郵便

渋谷局承認

7591

差出有効期間
2024年9月
30日まで
●切手不要

150-8790

211

渋谷区恵比寿西2-3-14
㈱みくに出版
『進学レーダー』編集部
2023年入試直前特別号
“喜びの声”係　行

| フリガナ | | | |
| --- | --- | --- | --- |
| 保護者ご氏名 | | お子さまのお名前 | 男・女 |
| ご記入者 | 父・母・受験生本人 その他（　　　） | 小学校 | 〔国・公・私〕立小　　　年 |
| | | 通塾名 | |
| ご住所 | 〒　　－　　　TEL.（　　）　－ | | |

◆受験生にご兄弟がいらっしゃいましたら、学年をお教えください。
兄・姉（　　　　）中・高（　　）年　弟・妹（　　）年
兄・姉（　　　　）中・高（　　）年　弟・妹（　　）年

◆『進学レーダー』を購入したことはありますか？
1.初めて　2.数カ月に1度　3.毎号買う　4.定期購読

◆『進学レーダー』を知ったきっかけは何ですか？（複数回答可）
1.書店で　2.塾の先生のすすめ　3.チラシ　4.進学レーダープラス
5.雑誌・新聞などの広告を見て（媒体名：　　　　）6.口コミで
7.みくにWebShopを見て　8.その他のホームページやブログを見て　9.その他（　　）

◆編集部からの取材にご協力いただけますか？
1.協力する（写真掲載　可・不可）2.電話ならよい　3.アンケートならよい　4.遠慮する

# 読者のみなさんの“喜びの声”を大募集

合格して進学する学校が決定したら、その喜びを『進学レーダー』にお送りください。

みなさんの“喜びの声”が来年以降の入試に臨む受験生親子の励みになります。

思い出のエピソードと一緒に思い出グッズや合格発表時のお写真などもお送りください（お写真は後日返却いたします）。


ハガキをお送りいただいた方の中から、抽選で30名様に図書カードをプレゼント！（2024年３月22日〈金〉必着）　当選の発表は、発送をもって代えさせていただきます。

両面の必要事項をご記入のうえ、点線で切り取り、そのまま投函してください（切手不要）。
※ご記入いただいた内容は、今後の企画内容の充実のために活用させていただきます。
個人情報は、プレゼントの送付や弊社および関連会社の商品情報のご案内に利用させていただくことがあります。

## ● 合格おめでとうございます ●

| 進学決定校 | 中〔　月　日 午前/午後〕合格 |
|---|---|

| 進学先以外の受験校（志望順） | | |
|---|---|---|
| | 中〔　月　日 午前/午後〕 | 合格・不合格 |
| | 中〔　月　日 午前/午後〕 | 合格・不合格 |
| | 中〔　月　日 午前/午後〕 | 合格・不合格 |
| | 中〔　月　日 午前/午後〕 | 合格・不合格 |
| | 中〔　月　日 午前/午後〕 | 合格・不合格 |

○印で囲んでください。

喜びの声・エピソード・ご感想などをお聞かせください

本誌“読者ページ”での掲載［可・不可］ペンネーム（　　　　　　　　　　）

＊ご協力ありがとうございました。

# 「NEXT ～つながる、世界へ～」

3つの学び（21世紀型の学び・教科の学び・グローバルな学び）で
将来の可能性を広げ、次代を担う力を育みます

## 入試説明会情報（11月開催）

入試説明会（総合選抜型入試を中心に実施）
11 月 4 日（土）13：00 ～ 15：00　本校

学力選抜型特化入試説明会（首都圏入試向け）
11 月 11 日（土）18：00 ～ 19：00　藤沢・日本大学生物資源科学部
11 月 18 日（土）18：00 ～ 19：00　東京・日本大学法学部（水道橋）

## 入試情報

総合選抜型入試／学力試験（国語・算数）・作文及び面接試験
試 験 日／第 1 期：令和 6 年 1 月 6 日（土）　第 2 期：令和 6 年 1 月 20 日（土）
試験会場／本校（日本大学三島中学校）

学力選抜型入試／学力試験（2 教科（国算）、または 4 教科（国算理社）併用制）
試 験 日／令和 6 年 1 月 8 日（月）
試験会場／◦東京（日本大学法学部）　◦藤沢（日本大学生物資源科学部）
◦小田原（天成園小田原駅前別館）　◦三島（日本大学国際関係学部）

# 日本大学三島中学校

〒411- 0033　静岡県三島市文教町2丁目31番145号　TEL：055-988-3500　FAX：055-988-3517
https://www.mishima.hs.nihon-u.ac.jp/　JR三島駅より徒歩15分

# 次号予告

進学レーダー

2023年12月号(vol.8)

11月15日発売

紙版:定価1,430円(税込)

電子版:価格1,200円(税込)

中学受験

最後の追い込み学習法

# 合格最低点を突破する!

◆先輩家族の合格体験記

◆日能研の先生に聞いた「入試直前の学習法」

◆科目別 入試によく出るランキング

第2特集

首都圏約140校 独自アンケート

**入試の採点基準**

中高一貫校レポート **開智**　1クラス1日密着ルポ **東京家政大学附属女子・ドルトン東京学園**

## 2023年度『進学レーダー』年間発売予定

| 月号 | vol. | 発売日 | 特集内容 |
|---|---|---|---|
| 2023年3&4月号 | 2023年vol.1 | 3月15日 | 難関校のキホン |
| 2023年5月号 | 2023年vol.2 | 4月15日 | 注目の私学 |
| 2023年6&7月号 | 2023年vol.3 | 5月15日 | 交通系学校選び① |
| 2023年8月号 | 2023年vol.4 | 7月 1日 | 夏に伸びよう! |
| 2023年9月号 | 2023年vol.5 | 8月15日 | 志望校との距離は過去問で埋める! |
| 2023年10月号 | 2023年vol.6 | 9月15日 | 併願2024 |
| 2023年11月号 | 2023年vol.7 | 10月15日 | 交通系学校選び② |
| 2023年12月号 | 2023年vol.8 | 11月15日 | 合格最低点を突破する! |
| 2024年1&2月号 | 2023年vol.9 | 12月15日 | 入試直前の行動Q&A |

●入試直前特別号

11月1日発売

紙版：定価1,540円(税込)

電子版：価格1,200円(税込)

※特集・連載の内容は、編集の都合上変更になる場合もあります。


発売　㈱みくに出版　☎ 03−3770−6930　http://www.mikuni-webshop.com

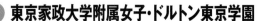

**定価1,430円(税込)**
※2023年1&2月号以前の号は1,320円(税込)

## 2023年 9月号

### 中学受験　志望校との距離は過去問で埋める！

過去問の取り組み方や、スケジュールの立て方、ふり返り方のノウハウなどを先輩受験生の実例とともに徹底的に紹介します。

私立中高一貫校レポート
成城学園

1クラス1日密着ルポ
世田谷学園
関東学院

紹介校　浦和実業学園・東京純心女子　ほか

## 2023年 8月号

### 中学受験　夏に伸びよう！

学習、生活、夏のスケジュール、息抜きのしかた。受験を経験した先輩親子からの「伸びる夏」にするためのアドバイスが満載です。

1クラス1日密着ルポ
佼成学園
自修館

紹介校　北豊島・共立女子第二　ほか

---

**○2023年3&4月号**
**難関校のキホン**

私立中高一貫校レポート　麻布

1クラス1日密着ルポ　山脇学園
桐蔭学園

紹介校　お茶の水女子大学附属・十文字・豊島岡女子学園　ほか

**○2023年1&2月号**
**ピンチを乗り切る合格メソッド**

私立中高一貫校レポート　東京農業大学第三高等学校附属

1クラス1日密着ルポ　跡見学園
日本大学

紹介校　聖光学院・洗足学園・不二聖心女子学院　ほか

**○2022年12月号**
**入試直前にどう学ぶか？**

私立中高一貫校レポート　城北
湘南白百合学園

1クラス1日密着ルポ　光塩女子学院
八千代松陰

紹介校　カリタス女子・北嶺・横浜共立学園　ほか

### 電子版あります！

ご購入は以下の電子書店をご利用ください。

- au ブックパス
- au PAYマーケット
- ebookjapan
- BookLive!
- ヨドバシ.com
- Fujisan.co.jp
- Sony Reader Store　など

価格1,200円(税込)
※2023年1&2月号以前の号は1,210円(税込)

ブロ港北東急SC店・紀伊國屋書店ららぽーと横浜店・有隣堂たまプラーザテラス店・ブックファースト青葉台店・八重洲ブックセンター京急百貨店上大岡店・アシーネ金沢八景・有隣堂厚木店・三省堂書店海老名店・島森書店鎌倉店・伊勢治書店ダイナシティ店・有隣堂テラスモール湘南店・くまざわ書店辻堂湘南モール店・ジュンク堂書店藤沢店・有隣堂藤沢店・くまざわ書店相模大野店・未来屋書店相模原 **千葉** 三省堂書店そごう千葉店・未来屋書店幕張新都心・幕張蔦屋書店・紀伊國屋書店流山おおたかの森店・ジュンク堂書店南船橋店・くまざわ書店津田沼店・丸善津田沼店・ジュンク堂書店モディ柏店・KaBoSららぽーと柏の葉店・未来屋書店新浦安・未来屋書店成田 **埼玉** 紀伊國屋書店浦和パルコ店・須原屋本店(さいたま市)・三省堂書店大宮店・ジュンク堂書店大宮高島屋店・須原屋川口前川店・明文堂書店TSUTAYA戸田・須原屋武蔵浦和店・旭屋書店イオンモール浦和美園店・Book Depot書楽(さいたま市)・旭屋書店新越谷店・リブロららぽーと富士見店・紀伊國屋書店川越店・ブックファースト ルミネ川越店・丸善丸広百貨店東松山店・ブックマルシェ上尾店 **茨城** フタバ図書TERA守谷店・川又書店県庁店・未来屋書店水戸内原 **栃木** 喜久屋書店宇都宮店・落合書店イトーヨーカドー店(宇都宮市) **北海道** MARUZEN＆ジュンク堂書店札幌店 **愛知** 三省堂書店名古屋本店・丸善名古屋本店・ジュンク堂書店名古屋栄店・ちくさ正文館本店 **大阪** ジュンク堂書店大阪本店・MARUZEN＆ジュンク堂書店梅田店・ジュンク堂書店天満橋店・紀伊國屋書店天王寺ミオ店・ジュンク堂書店上本町店・ジュンク堂書店近鉄あべのハルカス店・喜久屋書店阿倍野店・ジュンク堂書店難波店・田村書店千里中央店 **京都** 大垣書店イオンモール京都桂川店・大垣書店イオンモールKYOTO店・丸善京都本店・大垣書店二条駅店 **兵庫** ジュンク堂書店三宮店・ジュンク堂書店西宮店・ブックファースト阪急西宮ガーデンズ店 **広島** 丸善広島店 **愛媛** 紀伊国屋書店いよてつ髙島屋店(松山市) **福岡** 喜久屋書店小倉店・ブックセンタークエスト小倉本店 **鹿児島** ジュンク堂書店鹿児島店 **沖縄** ジュンク堂書店那覇店

●『進学レーダー』販売書店一覧はP114をご覧下さい。

# 進学レーダー（中学受験）のバックナンバー

## 2023年 11月号

### 中学受験　私学に通おう！　わくわく編

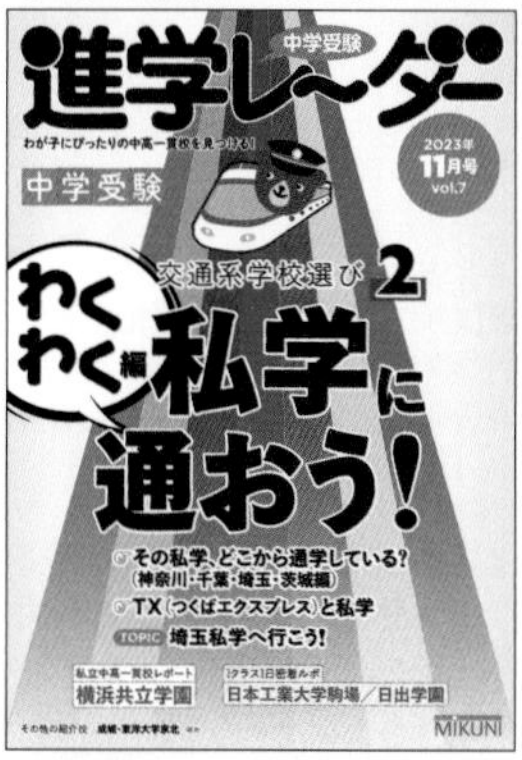


併願校は視野を広げて探したいもの。6＆7月号に続き、神奈川・千葉・埼玉・茨城の通学状況や中学受験の盛んな街を特集します。

私立中高一貫校レポート
横浜共立学園

1クラス1日密着ルポ
日本工業大学駒場
日出学園

紹介校　成城・東洋大学京北　ほか

## 2023年 10月号

### 中学受験　併願2024

最新の要項と予想難易度を反映した2024年入試の併願パターンを約90校掲載。受かる併願のポイントやデータの使い方も解説します。

私立中高一貫校レポート
立教女学院

1クラス1日密着ルポ
明治大学付属中野
鎌倉女学院

紹介校　サレジアン国際学園・トキワ松学園・早稲田　ほか

## 2023年 6&7月号

### 中学受験　私学に通おう！　もりもり編

志望校選びで大事な要素である交通事情。各私学はどの地域から通う生徒が多いのか（東京編）や中学受験が盛んな街などを特集します。

私立中高一貫校レポート
駒場東邦

1クラス1日密着ルポ
聖セシリア女子
安田学園

紹介校　聖ヨゼフ学園・立正大学付属立正　ほか

## 2023年 5月号

### 中学受験　注目の私学

よりよい社会の担い手となる人を育てる「子どもの世界を開く」学校、成長著しい「子どもの力を伸ばす」学校を紹介します。

私立中高一貫校レポート
森村学園

1クラス1日密着ルポ
品川女子学院
東京電機大学

紹介校　足立学園・市川・芝浦工業大学附属・桐朋・桐朋女子・三輪田学園・和光　ほか

## バックナンバーご購入方法

**定期**　便利な定期購読
定期購読は送料無料でご自宅にお届けします。お申し込みは[みくに出版WebShop]またはお電話で

**書店**　書店でご購入
右記のバックナンバー常備店でお求めいただくか、お近くの書店からご注文ください

**電書**　タブレットやスマートフォンでご購入
各電子書店でお求めいただけます

**ＨＰ**　みくに出版からご購入
電話：03-3770-6930　FAX：03-3770-6931
みくに出版WebShop　http://www.mikuni-webshop.com

※バックナンバーは特別号を含め約3年分ご注文いただけます（一部、品切れの場合もございます）。

## バックナンバー常備書店

**東京**　丸善丸の内本店・丸善お茶の水店・リブロ浅草店・文教堂赤羽店ブックストア談・ブックファースト ルミネ北千住店・文教堂青戸店・未来屋書店南砂・ブックファースト アトレ大森店・三省堂書店下北沢店・三省堂書店経堂店・三省堂書店成城店・紀伊國屋書店玉川髙島屋店・文教堂二子玉川店・紀伊國屋書店新宿本店・旭屋書店池袋店・ジュンク堂書店池袋本店・三省堂書店池袋本店・ジュンク堂書店吉祥寺店・パルコブックセンター調布店・喜久屋書店府中店・紀伊國屋書店国分寺店・増田書店（国立市）・オリオン書房ノルテ店（立川市）・ジュンク堂書店立川髙島屋店・くまざわ書店八王子店・有隣堂セレオ八王子店・久美堂本店（町田市）・くまざわ書店桜ケ丘店・丸善多摩センター店 **神奈川**　紀伊國屋書店イトーヨーカドー川崎店・紀伊國屋書店武蔵小杉店・住吉書房元住吉店・丸善ラゾーナ川崎店・文教堂溝ノ口本店・有隣堂新百合ヶ丘エルミロード店・KaBoS宮前平店・有隣堂横浜駅西口エキニア横浜店・紀伊國屋書店横浜店・丸善横浜みなとみらい店・くまざわ書店アピタテラス横浜綱島店・蔦屋書店港北ミナモ店・ACADEMIA港北店・ブックファースト モザイクモール港北店・リ

**埼玉県**

[さいたま市]紀伊國屋浦和パルコ店／須原屋本店／須原屋コルソ店／押田謙文堂／紀伊國屋さいたま新都心店／ジュンク堂大宮高島屋店／ブックファースト ルミネ大宮店／三省堂大宮店／くまざわ宮原店／成文堂南浦和店／書房すみよし丸広南浦和店／須原屋武蔵浦和店／くまざわ東浦和店／旭屋イオンモール浦和美園店／Book Depot書楽／未来屋与野／一清堂／くまざわ浦和美園店[川口市]文教堂川口駅店／紀伊國屋そごう川口店／くまざわララガーデン川口店／須原屋アリオ川口店／未来屋川口／文教堂東川口店／須原屋川口前川店[戸田市]明文堂TSUTAYA戸田／未来屋北戸田[草加市]高砂ブックス／よむよむ草加谷塚駅前店[久喜市]くまざわ鷲宮店／蔦屋フォレオ菖蒲店／ACADEMIA菖蒲店[三郷市] KaBoSららぽーと新三郷店／宮脇書店IY三郷店[越谷市]宮脇書店越谷店／未来屋TSUTAYAレイクタウン／旭屋新越谷店[春日部市]リブロ ララガーデン春日部店[羽生市]未来屋羽生[川越市]紀伊國屋川越店／リブロ川越店／くまざわ的場店／ブックファースト ルミネ川越店[朝霞市]宮脇書店朝霞店[和光市]くまざわ和光店[新座市]旭屋志木店[富士見市]リブロららぽーと富士見店[東松山市]リブロ東松山店／丸善丸広百貨店東松山店／リブロ ピオニウォーク東松山店[ふじみ野市]くまざわ ふじみ野店[入間市]紀伊國屋入間丸広店／くまざわ入間店／未来屋入間[所沢市]パルコB.C.新所沢店[熊谷市]戸田書店熊谷店／文教堂熊谷駅店／須原屋熊谷店／蔦屋熊谷店[上尾市]高砂屋PAPA上尾店／いけだ書店上尾店／ブックマルシェ上尾店[桶川市]丸善桶川店[本庄市]蔦屋本庄早稲田店[秩父市]くまざわ秩父店

**関東**

茨城県[土浦市]未来屋土浦[取手市]くまざわ取手店[守谷市]リブロイオンタウン守谷店[つくば市]TSUTAYA LALAガーデンつくば／未来屋つくば／ACADEMIAイーアスつくば店[水戸市]丸善水戸京成店／川又書店県庁店／未来屋水戸内原[ひたちなか市]リブロひたちなか店[鹿嶋市]オカミ書店[日立市]丸善日立店 栃木県[宇都宮市]喜久屋宇都宮店／落合書店東武B.C.／くまざわ宇都宮インターパーク店／落合書店IY店／うさぎやTSUTAYA宇都宮駅東口店[鹿沼市]くまざわ鹿沼店[足利市]くまざわアシコタウン店[下野市]うさぎやTSUTAYA自治医大店[さくら市]ビッグワンTSUTAYAさくら店[那須塩原市]博文堂那須塩原店 群馬県[前橋市]Bookman's Academy前橋店／蔦屋前橋みなみモール店

**北海道・東北**

北海道[札幌市]紀伊國屋札幌本店／MARUZEN&ジュンク堂札幌店 宮城県[仙台市]丸善仙台アエル店／未来屋名取／くまざわアリオ仙台泉店／蔦屋仙台泉店／紀伊國屋仙台店／TSUTAYAヤマト屋東仙台店 秋田県[秋田市]ジュンク堂秋田店 福島県[福島市]くまざわ福島エスパル店[郡山市]くまざわ郡山店／ジュンク堂郡山店

**中部**

新潟県[新潟市]紀伊國屋新潟店／未来屋新潟南／ジュンク堂新潟店[長岡市]蔦屋長岡新保店 石川県[金沢市]明文堂金沢ビーンズ店[小松市]明文堂小松ツリーズ店／KaBoSイオンモール新小松店 富山県[富山市]明文堂富山新庄経堂店／文苑堂富山豊田店 岐阜県[岐阜市]大垣書店岐阜高島屋店[各務原市]未来屋各務原 静岡県[沼津市]くまざわ沼津アントレ店[富士市]未来屋富士南[静岡市]MARUZEN&ジュンク堂新静岡店[浜松市]谷島屋イオンモール浜松志都呂店／未来屋浜松市野 長野県[上田市]くまざわ上田店 愛知県[名古屋市]三省堂名古屋本店／紀伊國屋MOZOワンダーシティ店／未来屋新瑞橋／ジュンク堂名古屋栄店／丸善名古屋本店／丸善アスナル金山店／未来屋ナゴヤドーム前／らくだ書店本店／丸善イオンタウン千種店／三洋堂よもぎ店／三洋堂いりなか店[日進市]紀伊國屋プライムツリー赤池店[豊田市]丸善豊田T-FACE店[稲沢市]くまざわ稲沢店

**近畿**

三重県[員弁郡]未来屋東員 滋賀県[大津市]大垣書店フォレオ大津一里山店[草津市]ジュンク堂滋賀草津店 大阪府[大阪市]ジュンク堂大阪本店／紀伊國屋グランフロント大阪店／紀伊國屋梅田本店／MARUZEN&ジュンク堂梅田店／紀伊國屋京橋店／ジュンク堂天満橋店／旭屋なんばCITY店／紀伊國屋天王寺ミオ店／ジュンク堂上本町店／喜久屋阿倍野店／ジュンク堂近鉄あべのハルカス店／ジュンク堂難波店[豊中市]大垣書店豊中緑丘店／田村書店千里中央店[箕面市]くまざわ みのおキューズモール店[池田市]ブックファースト池田店[吹田市]ブックファースト デュー阪急山田店[高槻市]ジュンク堂高槻店／大垣書店高槻店[寝屋川市]中村興文堂[大東市] ACADEMIAすみのどう店[堺市]紀伊國屋泉北店／丸善高島屋堺店[泉南市]未来屋イオンモールりんくう泉南 京都府[京都市]アバンティB.C.京都／大垣書店イオンモール京都桂川店／大垣書店イオンモールKYOTO店／大垣書店ビブレ店／丸善京都本店／大垣書店烏丸三条店／大垣書店二条駅店／アバンティB.C.洛北店／未来屋久御山／パピルス書房／大垣書店イオンモール五条店[相楽郡]未来屋高の原 兵庫県[神戸市]ジュンク堂三宮店／大垣書店神戸ハーバーランドumie店／喜久屋神戸学園都市店／喜久屋神戸南店／ジュンク堂神戸住吉店／メトロ書店神戸御影店[芦屋市]ジュンク堂芦屋店／紀伊國屋加古川店[尼崎市]くまざわ あまがさき店[西宮市]ジュンク堂西宮店／喜久屋西宮東店／くまざわコロワ甲子園店／ブックファースト阪急西宮ガーデンズ店[川西市]紀伊國屋川西店[姫路市]ジュンク堂姫路店／喜久屋花田店[明石市]ジュンク堂明石店 奈良県[生駒市]旭屋イオンモール奈良登美ヶ丘店[奈良市]ジュンク堂奈良店

**中国**

岡山県[岡山市]TSUTAYA BS岡山駅前店／宮脇書店岡北店／啓文社岡山本店／宮脇書店岡山本店[倉敷市]喜久屋倉敷店／宮脇書店ゆめタウン倉敷店 広島県[福山市]啓文社ポートプラザ店／フタバ図書アルティ福山本店[広島市]紀伊國屋広島店／丸善広島店／フタバ図書GIGA祇園店／フタバ図書アルティアルパーク北棟店 山口県[下松市]紀伊國屋ゆめタウン下松店

**四国**

徳島県[徳島市]紀伊國屋徳島店[鳴門市]宮脇書店新鳴門店 香川県[高松市]ジュンク堂高松店 高知県[高知市]高知蔦屋 愛媛県[松山市]ジュンク堂松山三越店／新丸三書店本店／宮脇書店イオンスタイル松山店／明屋石井店／明屋MEGA平田店

**九州・沖縄**

福岡県[北九州市]喜久屋小倉店／B.S.クエスト小倉本店／くまざわサンリブもりつね店[福岡市]ジュンク堂福岡店／TSUTAYAマークイズ福岡ももち店／紀伊國屋福岡本店／丸善博多店／紀伊國屋ゆめタウン博多店[大野城市]積文館大野城店[久留米市]紀伊國屋久留米店 佐賀県[佐賀市]紀伊國屋佐賀店 長崎県[長崎市]紀伊國屋長崎店／TSUTAYA B.S.みらい長崎ココウォーク 熊本県[熊本市]紀伊國屋熊本はません店[上益城郡]蔦屋嘉島店[菊池郡]紀伊國屋熊本光の国店 大分県[大分市]紀伊國屋アミュプラザおおいた店 宮崎県[宮崎市]未来屋宮崎[日向市]ブックスミスミ日向店 鹿児島県[鹿児島市]紀伊國屋鹿児島店／ジュンク堂鹿児島店 沖縄県[那覇市]ジュンク堂那覇店[島尻郡]球陽堂書房サンエー八重瀬店[浦添市]球陽堂マチナト店[中頭郡]未来屋沖縄ライカム／球陽堂書房西原シティ店

**電子版**

Fujisan.co.jp/Sony Reader Store/auブックパス/au PAYマーケット/BookLive!/ebookjapan/ヨドバシ.com　など

●『進学レーダー』バックナンバー常備書店はP112をご覧下さい。

## 『進学レーダー』は掲載各書店でお求めになれます。

# 中学受験 進学レーダー 販売書店一覧

紙版:定価1,430円(税込)
電子版:価格1,200円(税込)

編集・発行/みくに出版
〒150-0021
東京都渋谷区恵比寿西
2-3-14
☎03-3770-6930

**東京都**

[千代田区]丸善丸の内本店/三省堂有楽町店/三省堂神保町本店/丸善お茶の水店/文教堂市ヶ谷店[中央区]丸善日本橋店[港区]くまざわ田町店[台東区]リブロ浅草店/くまざわ浅草店[文京区]丸善メトロ・エム後楽園店/文教堂グリーンコート店[北区]文教堂赤羽店ブックストア談/ブックスページワンIY赤羽店/[荒川区]くまざわ南千住店[足立区]くまざわIY綾瀬店/ブックファースト ルミネ北千住店/くまざわ千住大橋店/スーパーブックス竹ノ塚駅前店/駅前の本屋まこと/くまざわ西新井店[葛飾区]ブックスオオトリ四つ木店/第一書林新小岩北口店/第一書林新小岩南口店/大洋堂/紀伊國屋アリオ亀明店/文教堂青戸店[墨田区]くまざわ錦糸町店/三省堂東京ソラマチ店/廣文館IY曳舟店[江戸川区]あゆみBOOKS瑞江店/八重洲B.C.IY葛西店/文教堂西葛西店/くまざわ船堀店[江東区]紀伊國屋IY木場店/くまざわ豊洲店/有隣堂ららぽーと豊洲店/丸善有明ガーデン店/有隣堂アトレ亀戸店/くまざわアリオ北砂店/リブロ南砂町S.C.SUNAMO店/未来屋南砂[品川区]未来屋品川シーサイド/有隣堂アトレ大井町店/有隣堂アトレ目黒店/ブックファースト五反田店/文教堂大崎店[大田区]ブックファースト アトレ大森店/くまざわIY大森店/有隣堂グランデュオ蒲田店/くまざわグランデュオ蒲田店/くまざわ田園調布店[渋谷区]ちえの木の実/有隣堂アトレ恵比寿店/紀伊國屋西武渋谷店/紀伊國屋笹塚店[目黒区]未来屋碑文谷/恭文堂駅前本店/八雲堂/不二屋書店/ブックファースト自由が丘店[世田谷区]あおい池尻大橋店/住吉書房駒沢店/三省堂下北沢店/啓文堂明大前店/三省堂経堂店/三省堂成城店/紀伊國屋玉川高島屋店/文教堂二子玉川店/TSUTAYA馬事公苑店[新宿区]紀伊國屋新宿本店/ブックファースト新宿店/芳進堂ラムラ店/啓文堂久我山店/芳林堂高田馬場店[中野区]ブックファースト中野店/文教堂中野坂上店[杉並区]八重洲B.C.ルミネ荻窪店/啓文堂荻窪店[豊島区]成文堂巣鴨駅前店/旭屋アトレヴィ大塚店/旭屋池袋店/ジュンク堂池袋本店/三省堂池袋本店[板橋区]矢崎書店/文教堂西台店/こみや書店/未来屋板橋/文教堂成増店[練馬区]ブックファースト練馬店/八重洲B.C.石神井公園店/TSUTAYA石神井台店/くまざわ大泉学園店/リブロ大泉店/ジュンク堂大泉学園店/リブロ光が丘店[武蔵野市]ブックファースト アトレ吉祥寺店/啓文堂吉祥寺店/BOOKSルーエ/紀伊國屋吉祥寺東急店/ジュンク堂吉祥寺店/八重洲B.C.IY武蔵境店/文教堂武蔵境駅前店[三鷹市]啓文堂三鷹店[調布市]啓文堂仙川店/書原つつじヶ丘店/リブロ国領店/くまざわ国領店/真光書店/くまざわ調布店/パルコB.C.調布店[府中市]喜久屋府中店/啓文堂府中本店[小金井市]くまざわIY武蔵小金井店/くまざわ武蔵小金井北口店/TSUTAYA武蔵小金井店[国分寺市]紀伊國屋国分寺店[国立市]増田書店[小平市]リブロ花小金井店[西東京市]宮脇書店東京田無店/リブロ田無店[立川市]オリオン書房ルミネ立川店/オリオン書房ノルテ店/ジュンク堂立川高島屋店/未来屋日の出[日野市]未来屋多摩平の森[八王子市]くまざわ京王はちおうじ店/くまざわ八王子店/有隣堂セレオ八王子店/蔦屋南大沢店/文教堂南大沢店/くまざわ八王子南口店/くまざわ八王子みなみ野店/くまざわ八王子オクトーレ店/くまざわイーアス高尾店/くまざわ西八王子店/くまざわIY八王子店[町田市]文教堂つくし野東急店/久美堂本店/有隣堂町田モディ店/紀伊國屋小田急町田店/久美堂本町田店/くまざわ町田根岸店/啓文堂鶴川店[昭島市]くまざわ昭島店[あきる野市]文教堂あきる野とうきゅう店[青梅市]文教堂河辺とうきゅう店[東久留米市]未来屋東久留米/宮脇書店東久留米店/野崎書林[清瀬市]飯田書店西友クレア店[羽村市]ブックスタマ小作店[多摩市]くまざわ桜ケ丘店/くまざわ永山店/啓文堂多摩センター店/丸善多摩センター店[稲城市]くまざわ稲城店/コーチャンフォー若葉台店[東大和市]くまざわ東大和店

**神奈川県**

横浜市[西区]有隣堂横浜駅西口エキニア横浜店/紀伊國屋横浜店/くまざわランドマーク店/丸善横浜みなとみらい店/くまざわマークイズみなとみらい店[港北区]有隣堂トレッサ横浜店/くまざわ新横浜店/くまざわアピタテラス横浜綱島店/丸善日吉アベニュー店[都筑区]ブックファースト モザイクモール港北店/ACADEMIA港北店/蔦屋港北ミナモ店/有隣堂センター南駅店/リブロ港北東急SC店/よむよむ横浜仲町台店/紀伊國屋ららぽーと横浜店[青葉区]有隣堂たまプラーザテラス店/文教堂すすき野とうきゅう店/くまざわ長津田店/文教堂中山とうきゅう店/蔦屋青葉奈良店/ブックファースト青葉台店[鶴見区]ブックポート鶴見店/くまざわ鶴見店[中区]有隣堂伊勢佐木町本店[港南区]八重洲B.C.京急百貨店上大岡店/八重洲B.C. IY上永谷店/精文館下永谷店/浜書房港南台バーズ店/ブックスキタミ港南台店/一幸堂[磯子区]住吉書房新杉田店[金沢区]アシーネ金沢八景/くまざわ能見台店[旭区]くまざわジョイナステラス二俣川店[戸塚区]有隣堂戸塚モディ店/紀伊國屋西武東戸塚S.C.店/BOOKSえみたすアピタ戸塚店[泉区]ブックポート緑園店/文教堂立場店[栄区]カドタヤ小島書店[川崎市]有隣堂アトレ川崎店/紀伊國屋IY川崎店/紀伊國屋武蔵小杉店/住吉書房元住吉店/文教堂新城駅店/書房すみよし武蔵中原店/丸善ラゾーナ川崎店/北野書店/文教堂溝ノ口駅前店/文教堂溝ノ口本店/有隣堂新百合ヶ丘エルミロード店/ブックポート栗平店/くまざわさぎ沼店/住吉書房宮崎台駅前店/KaBoS宮前平店[横須賀市]文教堂横須賀MORE'S店/くまざわ横須賀店/くまざわ久里浜店[大和市]未来屋大和鶴間/くまざわ大和鶴間店/くまざわ大和店/未来屋大和[厚木市]有隣堂厚木店/くまざわ本厚木店/文教堂R412店[海老名市]くまざわ さがみ野店/三省堂海老名店/未来屋海老名/有隣堂ららぽーと海老名店[鎌倉市]アニール/くまざわ大船店/島森書店鎌倉店/文教堂鎌倉とうきゅう店[小田原市]有隣堂ラスカ小田原店/三省堂小田原店/ブックプラザ伊勢治/伊勢治書店ダイナシティ店[藤沢市]有隣堂テラスモール湘南店/くまざわ辻堂湘南モール店/KaBoS藤沢店/ジュンク堂藤沢店/有隣堂藤沢店/くまざわ湘南台店/文教堂湘南とうきゅう店[座間市]紀伊國屋イオンモール座間店[相模原市]有隣堂ミウィ橋本店/ACADEMIAくまざわ橋本店/くまざわ相模原店/中村書店本店/くまざわ相模大野店/ブックファースト ボーノ相模大野店/啓文堂小田急相模原店/未来屋相模原[綾瀬市]くまざわ綾瀬店[茅ケ崎市]川上書店ラスカ店/長谷川書店ネスパ茅ヶ崎店[平塚市]有隣堂ららぽーと湘南平塚店/サクラ書店ラスカ平塚店/サクラ書店高村店/文教堂平塚店[伊勢原市]文教堂伊勢原店

**千葉県**

[千葉市]三省堂カルチャーステーション千葉店/三省堂そごう千葉店/くまざわペリエ千葉本店/くまざわ蘇我店/未来屋マリンピア/宮脇書店検見川浜店/未来屋幕張/未来屋幕張新都心/幕張蔦屋/くまざわ幕張店/アシーネ千葉長沼/くまざわ稲毛店/文教堂小倉台店/未来屋鎌取/精文館イオンおゆみ野店[松戸市]アシーネ新松戸/くまざわ松戸新田店/学友堂西友店/くまざわ松戸店/喜久屋松戸店/良文堂松戸店[流山市]紀伊國屋流山おおたかの森店[我孫子市]ブックマルシェ我孫子店[印西市]喜久屋千葉NT店[市川市]有隣堂ニッケコルトンプラザ店/ときわ書房本八幡スクエア店プラスGEO/大杉書店市川駅前店/ブックファースト シャポー市川店/文教堂行徳店[船橋市]旭屋船橋店/ときわ書房IY船橋スクエア店プラスGEO/ジュンク堂南船橋店/文教堂下総中山駅店/未来屋船橋/くまざわ馬込沢店[鎌ヶ谷市]未来屋鎌ケ谷/くまざわ新鎌ヶ谷店[習志野市]くまざわ津田沼店/TSUTAYA津田沼店/八重洲B.C.フルルガーデン八千代店/丸善津田沼店[八千代市]くまざわ勝田台店/TSUTAYA勝田台店/くまざわ八千代台店/未来屋八千代緑が丘[柏市]ジュンク堂柏モディ店/くまざわ柏高島屋ステーションモール店/未来屋柏/KaBoSららぽーと柏の葉店/紀伊國屋セブンパークアリオ柏店[野田市]TSUTAYA七光台店[浦安市]文教堂浦安西友店/有隣堂アトレ新浦安店/未来屋新浦安[四街道市]くまざわ四街道店[木更津市]精文館木更津店/木更津多田屋[成田市]未来屋成田/くまざわ公津店[茂原市]蔦屋茂原店[君津市]博文堂君津

9784840308267

1926037014003

ISBN978-4-8403-0826-7

C6037 ￥1400E

**編集・発行　みくに出版**

**定価1,540円 本体1,400円 ＋税10％**

入試日まであと何日?

# 入試日 逆日めくりカレンダー

進学レーダー 中学受験
2023年・入試直前特別号
中学受験　合格をつかみとる!

入試まで
あと

入試まで
あと

# 入試日逆日めくりカレンダー

月　日　曜日

# 16日

今日の予定

Q 国語

# 漢字の書き方

次の(1)〜(16)の——線部のカタカナを漢字に直しなさい。

(1) 計画をタダちに実行する。
(2) クッキーのキジを焼く。
(3) サイダイもらさず話を聞く。
(4) かけ算の九九をアンショウする。
(5) ロジョウで遊ぶのは危険だ。
(6) セキネンの願いがようやくかなう。
(7) 頑張《がんば》ったのでセイセキが上がった。
(8) 美しい顔でホンショウをかくす。
(9) めずらしい資料をテンジする。
(10) いやな事件がホウドウされている。
(11) 病気がカイホウにむかう。
(12) 宴会《えんかい》のヨキョウで歌を歌った。
(13) 彼女はいつもホガらかで明るい。
(14) 私の父は花屋をイトナんでいる。
(15) ゼッタイ絶命のピンチだ。
(16) 約束はゼッタイに守って下さい。

A

## 漢字の書き方

(1) 直　(2) 生地　(3) 細大　(4) 暗唱　(5) 路上
(6) 積年　(7) 成績　(8) 本性　(9) 展示　(10) 報道
(11) 快方　(12) 余興　(13) 朗　(14) 営　(15) 絶体
(16) 絶対

Q 国語

# 漢字の読み方

次の(1)〜(10)の漢字の読み方を答えなさい。

(1) 目標にむかって精進する。
(2) 読経の声がひびきわたる。
(3) 山はひどい吹雪になった。
(4) 田舎の空気はきれいだ。
(5) 大和朝廷《ちょうてい》が日本を統一した。
(6) 大豆から納豆《なっとう》を作る。
(7) 旅行のお土産をもらう。
(8) 美しい乙女がすわっている。
(9) 仮病で学校を休む。
(10) 願いが成就する。

A

## 漢字の読み方

(1) しょうじん　(2) どきょう（どっきょう）　(3) ふぶき
(4) いなか　(5) やまと　(6) だいず　(7) みやげ
(8) おとめ　(9) けびょう　(10) じょうじゅ

月　日　曜日

# 31日

今日の予定

月　日　曜日

# 15日

今日の予定

Q

算数 **分数の大小**

次の問いに答えなさい。

(1) $\frac{1}{2}$より大きく$\frac{5}{6}$より小さい，分母が６の分数を求めなさい。

(2) $\frac{1}{6}$より大きく$\frac{3}{4}$より小さい，分母が12の既約《きやく》分数をすべて求めなさい。

(3) $\frac{3}{8}<\frac{\square}{24}<\frac{7}{12}$の□にあてはまる整数をすべて求めなさい。

A

**分数の大小**

(1) $\frac{4}{6}$　(2) $\frac{5}{12}$，$\frac{7}{12}$　(3) 10，11，12，13

Q

算数 **割《わり》　合《あい》**

次の□にあてはまる数を求めなさい。

(1) 28人は，140人の□%です。

(2) □mは，272mの２割《わり》２分《ぶ》５厘《りん》です。

(3) □kgの１割８分が，900ｇです。

(4) 4.2Ｌは，□Ｌの35%です。

A

**割《わり》　合《あい》**

(1) 20　(2) 61.2　(3) 5　(4) 12

月　日　曜日

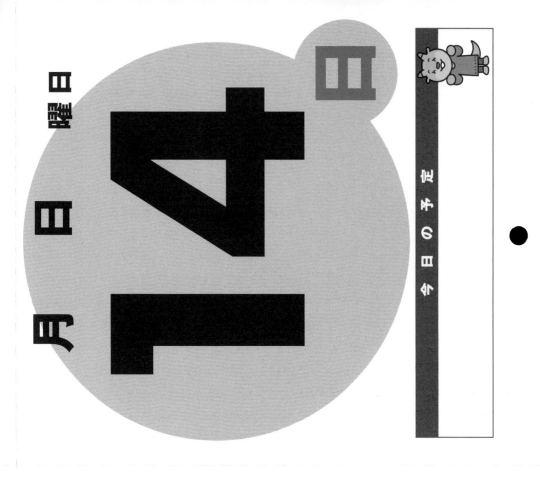

30

日

今日の予定

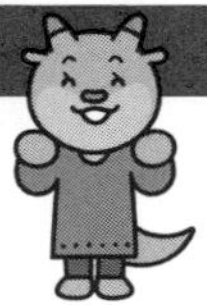

月　日　曜日

14

日

今日の予定

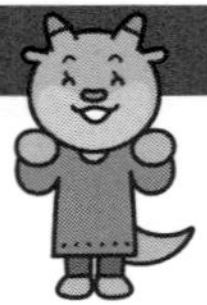

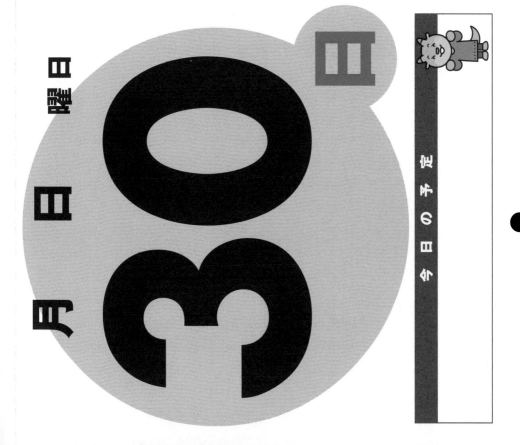

## Q 社会 三権《さんけん》分立と国会の地位

次の図は，三権《さんけん》分立をあらわしたものです。図中の[ 1 ]～[ 13 ]にあてはまることばをそれぞれ答えなさい。

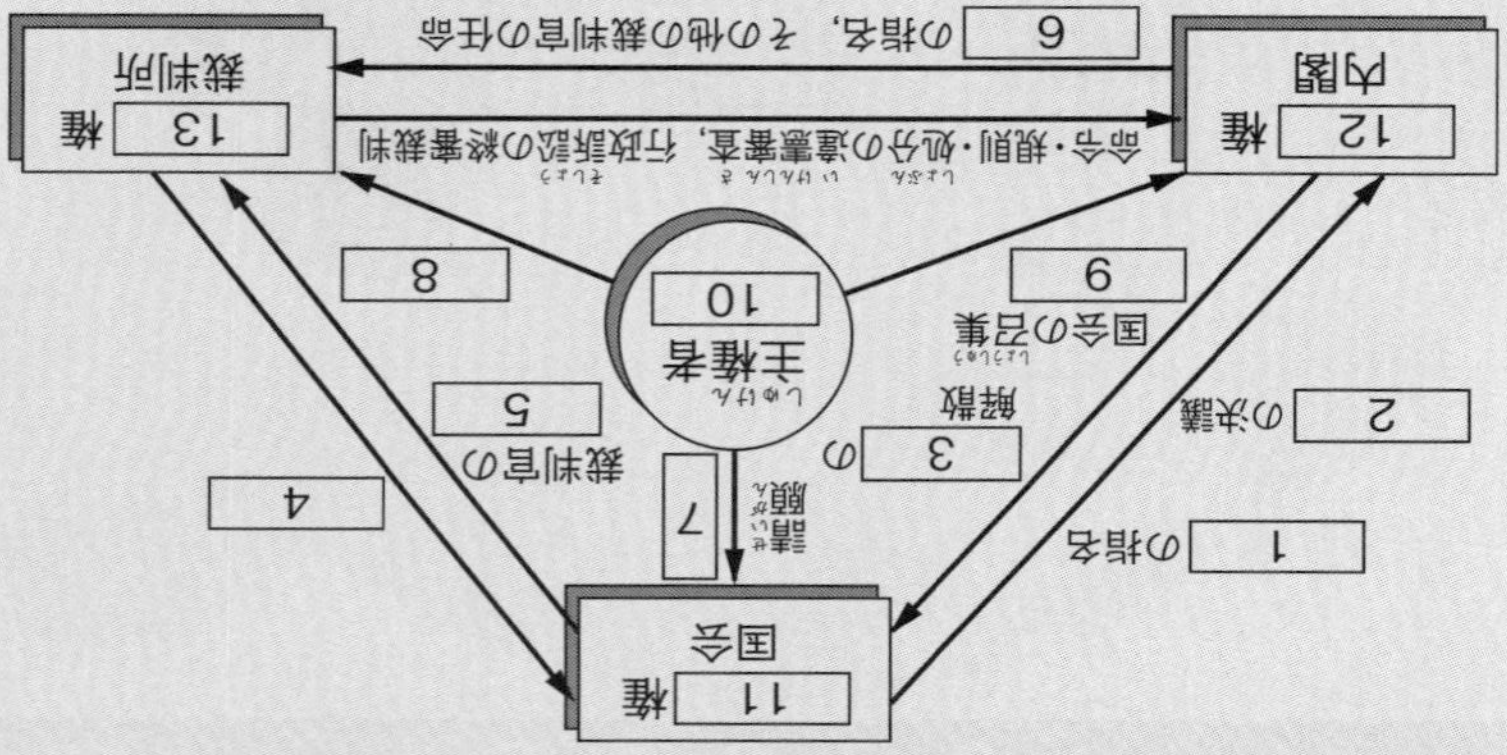


## A 三権《さんけん》分立と国会の地位

1　内閣総理大臣　2　内閣不信任　3　衆議院《しゅうぎいん》
4　違憲《いけん》立法審査《しんさ》　5　弾劾《だんがい》裁判　6　最高裁判所長官
7　選挙　8　国民審査　9　世論《せろん》《よ》　10　国民
11　立法（権）　12　行政（権）　13　司法（権）

## Q 社会 人口

次の文中の[ ア ]～[ キ ]にあてはまることばをそれぞれ答えなさい。

(1) 年齢別《ねんれいべつ》人口構成のグラフを，人口[ ア ]といいます。戦前の日本の年齢別人口構成は多産多死の[ ア ]型で，現在は，[ イ ]のつぼ型です。しかし，昭和20年代に子どもが多く生まれた[ ウ ]により，形が少し変形しています。

(2) 2035年には[ エ ]割以上の人が高齢者となり，2050年になると14歳《さい》以下の人口は10.6%，15～64歳は51.8%，65歳以上は37.7%と予測されています。そのためおよそ5人に2人が高齢者となり，15～64歳の人が[ オ ]人（小数第2位を四捨五入《ししゃごにゅう》）で1人の高齢者の生活をささえることになります。

(3) 高齢社会になると，高齢者が将来《しょうらい》受け取る年金が[ カ ]くなり，また，働く世代の負担《ふたん》が[ キ ]くなります。

## A 人口

ア　ピラミッド　イ　少産少死　ウ　ベビーブーム　エ　3（割《わり》）
オ　1.4（人）　カ　少な（く）　キ　重（く）

月　日　曜日

29

日

今日の予定

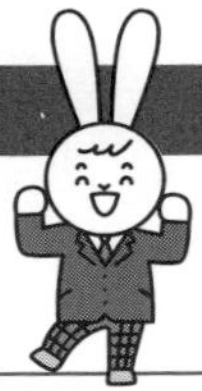

月　日　曜日

13

日

今日の予定

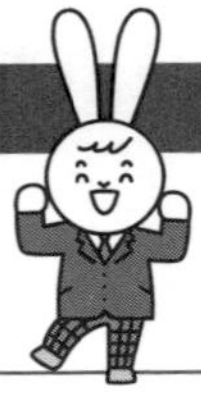

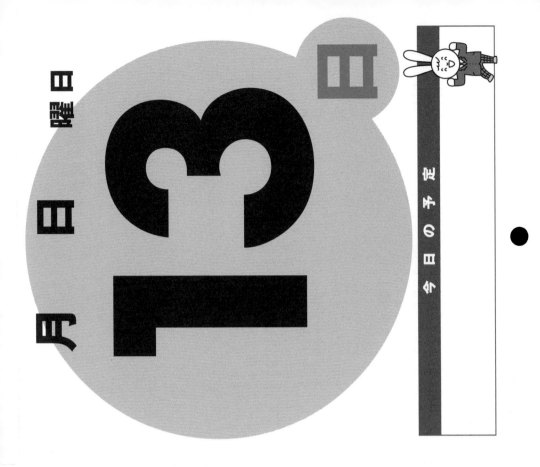

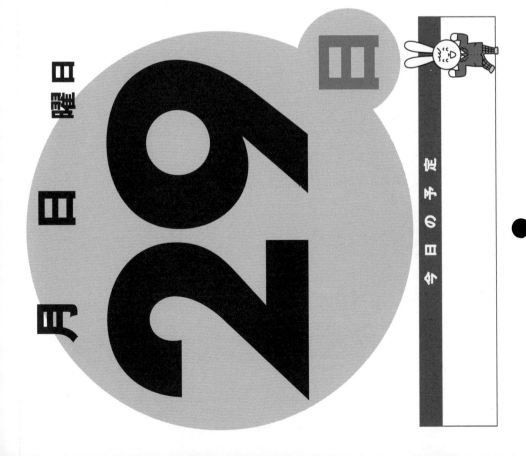

## Q 理科 力の組み合わせ

右の図のように，てこ，かっ車，輪軸を組み合わせたものにおもりをつるしてつり合わせました。図を見て，後の問いに答えなさい。ただし，おもり以外の重さは考えないものとします。

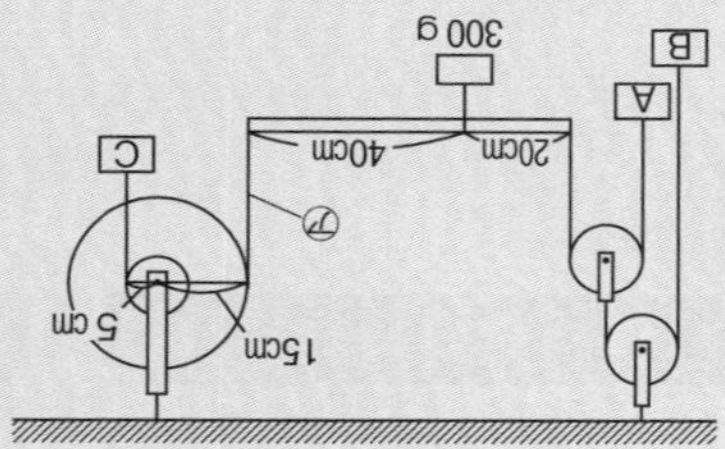


(1) ㋐のひもにかかる力は何gですか。
(2) おもりAの重さは何gですか。
(3) おもりBの重さは何gですか。
(4) おもりCの重さは何gですか。
(5) おもりBが動かないようにして，おもりAを9cm引き下げたところ，てこが傾いたので，おもりCを引き下げててこを水平にしました。このとき，おもりCを何cm引き下げましたか。

## A 力の組み合わせ

(1) 100g　(2) 200g　(3) 400g　(4) 300g　(5) 3cm

## Q 理科 花のつくり

次の ア ～ キ にあてはまることばや数字をそれぞれ答えなさい。

| | 花びらのつき方 | 花びらの数 | おしべの数 |
|---|---|---|---|
| アブラナの仲間 | ア | イ | 6 |
| サクラの仲間 | 1枚ずつ分かれている | ウ | 多数 |
| エンドウの仲間 | 1枚ずつ分かれている | 5 | エ |
| アサガオの仲間 | オ | カ | 5 |
| タンポポの仲間 | キ | 5 | 5 |
| ヘチマの仲間 | 根もとでくっついている | 5 | お花に5本 |

## A 花のつくり

ア　1枚ずつ分かれている　イ　4　ウ　5　エ　10
オ　根もとでくっついている　カ　5
キ　根もとでくっついている

月　日　曜日

# 28日

今日の予定

月　日　曜日

# 12日

今日の予定

## Q 国語 ことわざ

次のことわざの意味に近い熟語をあとからそれぞれ選びなさい。

① 石橋をたたいて渡る
② 河童《かっぱ》の川流れ
③ ひょうたんからこま
④ やぶから棒
⑤ 目から鼻に抜ける
⑥ 転ばぬ先のつえ
⑦ 石の上にも三年

ア 忍耐　イ 意外　ウ 利発
エ 突然　オ 失敗　カ 用心
キ 慎重

## A ことわざ

① キ　② オ　③ イ　④ エ　⑤ ウ　⑥ カ
⑦ ア

## Q 国語 同音異義語

次の(1)～(5)の文のそれぞれのAとBには、同じ読みをする異なる漢字一字が入ります。その読みを左の□の中から選び、その漢字をそれぞれ答えなさい。

(1) 特に異Aはない。
降ったり止んだり天気が異Bだ。

(2) 水泳A外のスポーツは得意だ。
それはB外な出来事だ。

(3) どれいA放。
B放的な空間。

(4) どちらが先に着くか競Aした。
早食い競Bは体によくない。

(5) A答用紙に名前を書く。
お客さまの問い合わせにB答する。

| |
|---|
| カイ　イ　ジョウ　ソウ |

## A 同音異義語

(1) A＝状・B＝常　(2) A＝以・B＝意　(3) A＝解・B＝開
(4) A＝走・B＝争　(5) A＝解・B＝回

月　日　曜日

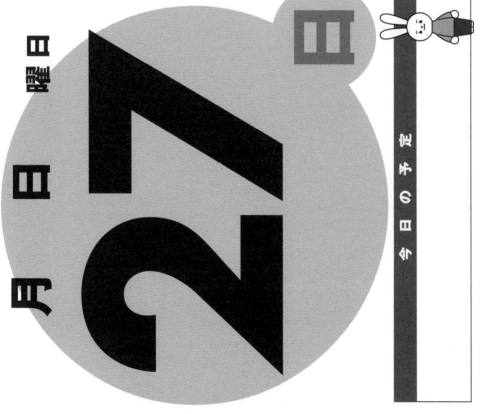

# 27

日

今日の予定

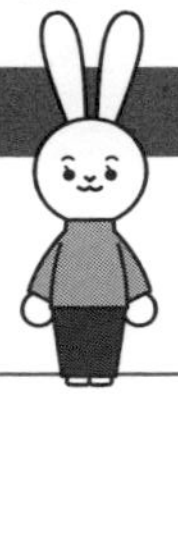

月　日　曜日

# 11

日

今日の予定

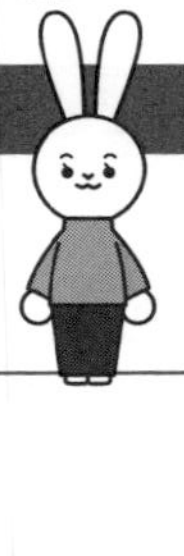

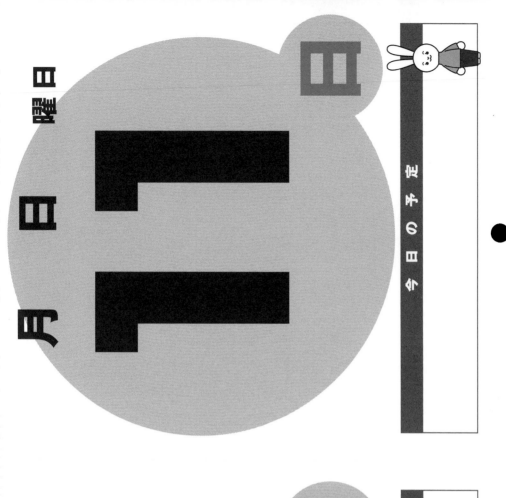

## Q 算数 単位《かん》の換算《さん》

次の量を，（　）の中の単位で表しなさい。

(1) 3 m（cm）　(2) 1.5km（m）

(3) 9 t（kg）　(4) 2.65kg（g）

(5) 35$km^2$（ha）　(6) 8 ha（a）

(7) 9.7 a（$m^2$）　(8) 93.2$m^2$（$cm^2$）

(9) 3 dL（$cm^3$）　(10) 84$m^3$（L）

(11) 6.2 L（dL）　(12) 2 kL（$m^3$）

## A 単位の換算《かんさん》

(1) 300cm　(2) 1500m　(3) 9000kg　(4) 2650 g

(5) 3500ha　(6) 800 a　(7) 970$m^2$　(8) 932000$cm^2$

(9) 300$cm^3$　(10) 84000 L　(11) 62dL　(12) 2 $m^3$

## Q 算数 順　列

1, 2, 3, 4の4枚《まい》のカードの中から3枚をとり出して，3けたの整数を作ります。次の問いに答えなさい。

(1) 3けたの整数は全部で何通りできますか。

(2) 3けたの偶数《ぐうすう》は何通りできますか。

(3) 3けたの整数の中で，3の倍数は何通りできますか。

## A 順　列

(1) 24通り　(2) 12通り　(3) 12通り

月　日　曜日

26

日

今日の予定

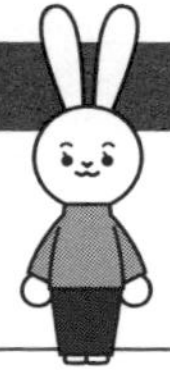

月　日　曜日

10

日

今日の予定

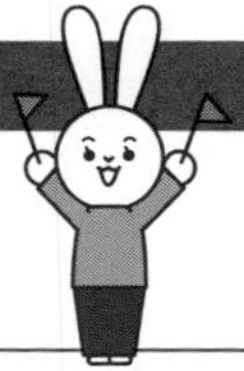

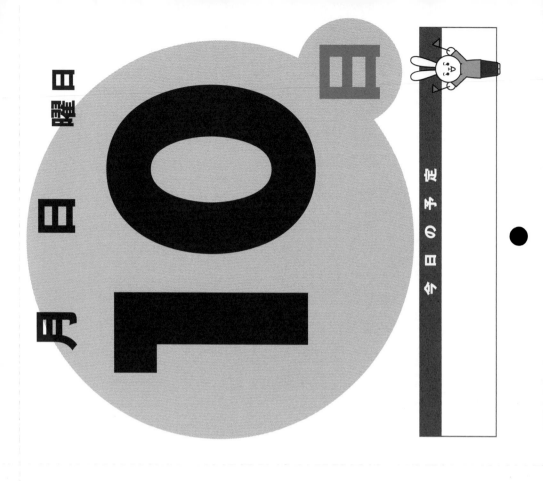

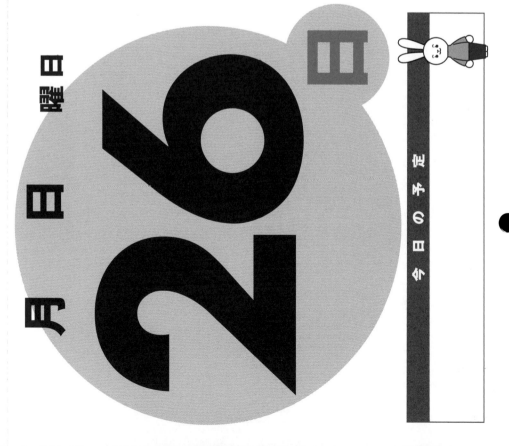

## Q 社会 地下・エネルギー資源《しげん》

次の文中の［ア］～［ク］にあてはまることばをそれぞれ答えなさい。

(1) 1960年ころまでエネルギー資源の主役は［ア］でした。しかし，その後ねだんが安く，取りあつかいに便利な［イ］に変わりました。1973年には［ウ］の影響《えいきょう》で，1979年には［エ］の影響で石油危機《きき》がおこり，石油のねだんが大幅《おおはば》に上がりました。そのため，代替《だいたい》エネルギーの開発が求められるようになりました。

(2) 近年注目されているのは，自然の力を利用した［オ］エネルギーです。［オ］とは，エネルギー源の枯渇《こかつ》を心配する必要がないことを意味しています。このようなエネルギーによる発電のうち，富山県や岐阜県などの山中には［カ］発電所が多くなっています。また，岩手県や秋田県，大分県などには［キ］発電所があります。また，北海道や青森県で発電量が多く，その設備が地図記号にもなっているのは［ク］発電です。

## A 地下・エネルギー資源《しげん》

ア 石炭　イ 石油　ウ 中東戦争　エ イラン革命《かくめい》
オ 再生可能（エネルギー）　カ 水力（発電所）
キ 地熱（発電所）　ク 風力（発電）

## Q 社会 公害

次の文中の［ア］～［サ］にあてはまることばをそれぞれ答えなさい。

(1) 公害の中で苦情件数が多いものは，［ア］や大気汚染《おせん》です。地盤《じばん》沈下《ちんか》は，［イ］のくみ上げにより兵庫県の［ウ］や東京の江東区《こうとうく》で問題になりました。

(2) 明治《めいじ》時代に栃木県の［エ］銅山で鉱毒事件がおこり，衆議院議員《しゅうぎいんいん》の［オ］はこれを国会で追及《ついきゅう》し，天皇《てんのう》に直訴《じきそ》しようとしました。

(3) 水俣病《みなまたびょう》は［カ］沿岸《えんがん》でおこったもので，化学肥料工場の廃水《はいすい》にふくまれていた［キ］が原因です。また，第二水俣病は，［ク］流域《りゅういき》でおこりました。

(4) 四日市《よっかいち》ぜんそくは，石油化学コンビナートの排煙《はいえん》の中の［ケ］が原因です。

(5) イタイイタイ病は，［コ］流域でおこりました。岐阜県の神岡《かみおか》鉱山の廃水にふくまれていた［サ］が原因で，骨《ほね》がおかされる病気です。

## A 公害

ア 騒音《そうおん》　イ 地下水　ウ 尼崎《あまがさき》　エ 足尾《あしお》（銅山）
オ 田中正造《たなかしょうぞう》　カ 八代海《やつしろ》　キ 有機水銀　ク 阿賀野川《あがの》
ケ 亜硫酸《ありゅうさん》ガス　コ 神通川《じんづう》　サ カドミウム

月　日　曜日

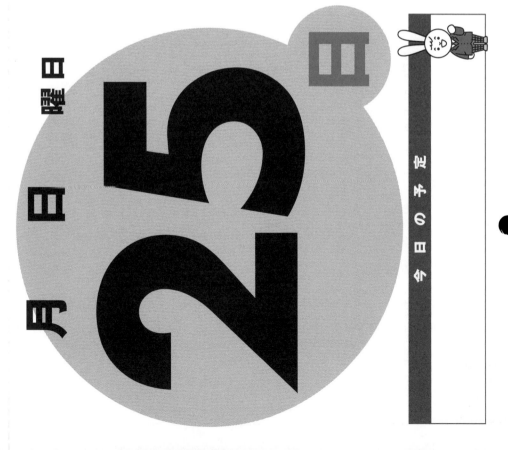

# 25

日

今日の予定

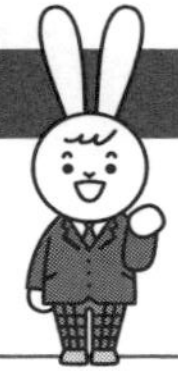

月　日　曜日

# 9

日

今日の予定

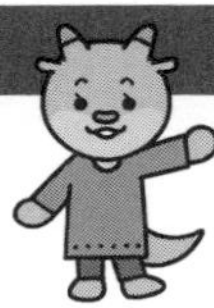

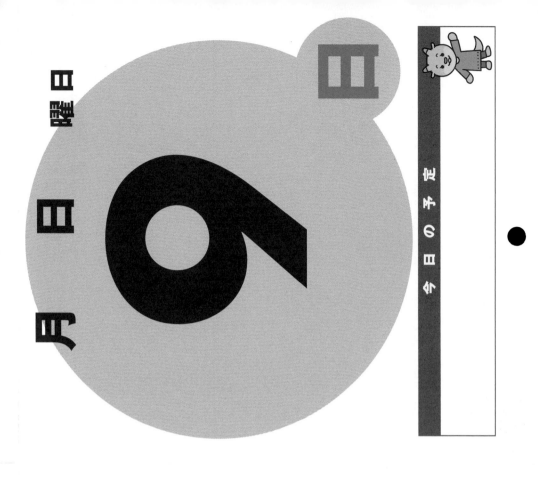

# Q 理科 溶解度と濃度

次の ア ～ ク にあてはまることばをそれぞれ答えなさい。

(1) 多くの固体は，水温が ア ほど，とける量は多くなる。

(2) 気体は，水温が イ ほど，とける量は多くなる。

(3) 物質をとかすことのできる限界までとかした水溶液を ウ という。

(4) 水溶液全体の重さは，水の重さと エ の合計である。

(5) 水溶液の濃度(%) $= \dfrac{\text{オ}\ (\text{g})}{\text{カ}\ (\text{g})} \times 100$

(6) 水100 g に食塩25 g をとかした食塩水の濃度は キ %である。

(7) ちがう濃さの食塩水の重さを同じ体積で比べたとき，濃い食塩水はどク。

# A 溶解度と濃度

ア　高い　　イ　低い　　ウ　飽和水溶液

エ　とけている物質（溶質）の重さ　　オ　とけている物質の重さ

カ　水溶液全体の重さ　　キ　20　　ク　重い

# Q 理科 節足動物

次の ア ～ サ にあてはまることばや数字をそれぞれ答えなさい。

(1) こん虫類の体は， ア ， イ ， ウ の３つの部分に分かれていて， エ の部分に足が オ 本ついている。

(2) クモ類の体は， カ ， キ の２つの部分に分かれていて， ク の部分に足が ケ 本ついている。クモ類の仲間には，クモの他に， コ が，甲かく類の仲間には，エビの他に， サ がいる。

# A 節足動物

ア　頭部　　イ　胸部　　ウ　腹部　　エ　胸部　　オ　6

カ　頭胸部　　キ　腹部　　ク　頭胸部　　ケ　8　　コ　ダニ

サ　カニ　（ア・イ・ウ，カ・キ…順不同）

月　日　曜日

# 24

日

今日の予定

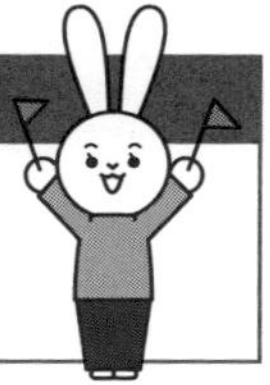

月　日　曜日

# 8

日

今日の予定

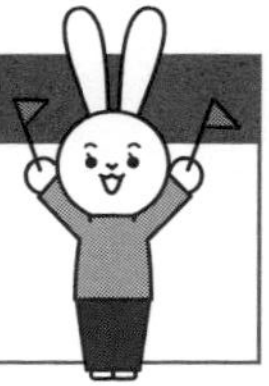

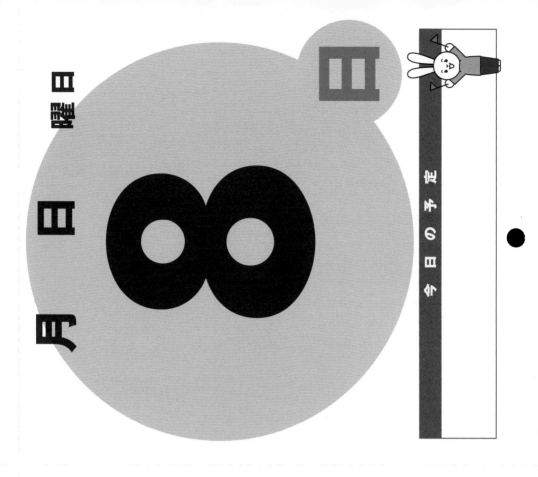

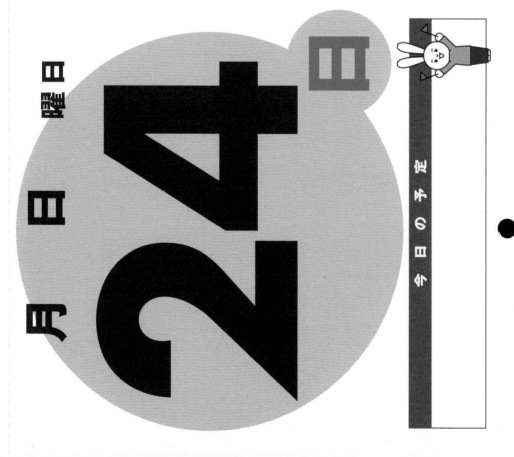

## Q

国語

# 言葉の意味

次の(1)〜(5)の[　]に最もふさわしい言葉を後から選び、記号で答えなさい。

(1) [　]君はそう言い張るのだね。

(2) 電車から降りると、[　]雪がふってきた。

(3) 強風ばかりか、[　]大雨もふり出した。

(4) みんなは、[　]好きな花をかかえていた。

(5) 君の意見も[　]間違《まちが》っているとは言いきれない。

ア　おりしも　　イ　てんでに
ウ　あまつさえ　　エ　あながち
オ　あくまで

## A

# 言葉の意味

(1) オ　(2) ア　(3) ウ　(4) イ　(5) エ

## Q

国語

# 対義語・反対語

次の(1)〜(11)の対義語を漢字で書きなさい。

(1) 成功　(2) 人工
(3) 反対　(4) 後退
(5) 子孫　(6) 肉体
(7) 消費　(8) 現実
(9) 総合　(10) 田舎
(11) 複雑

## A

# 対義語・反対語

(1) 失敗　(2) 自然（天然）　(3) 賛成　(4) 前進
(5) 先祖（祖先）　(6) 精神　(7) 生産　(8) 理想
(9) 分析　(10) 都会　(11) 単純

月　日　曜日

# 23日

今日の予定

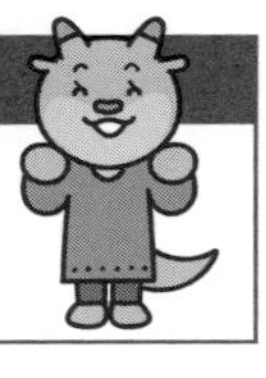

月　日　曜日

# 7日

今日の予定

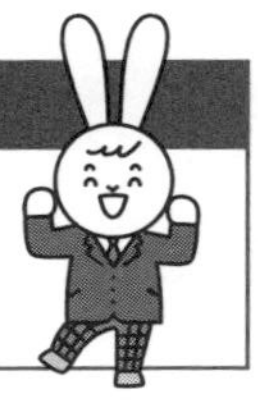

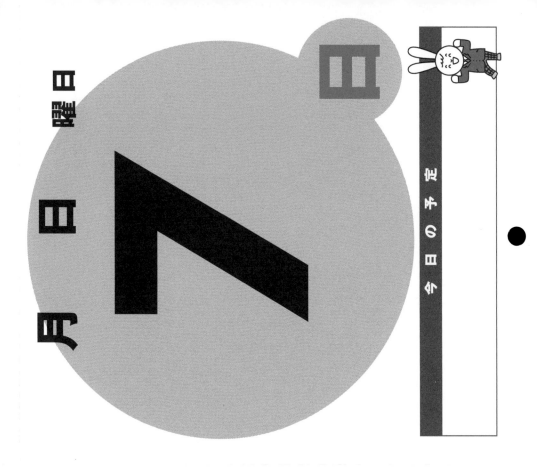

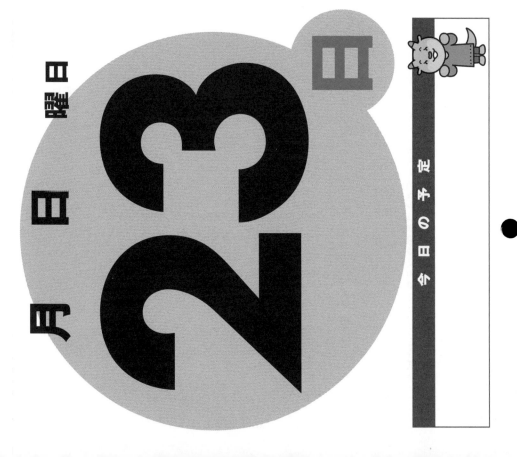

## Q 算数 旅人算

次の問いに答えなさい。

(1) Aさんが分速60mで出発してから10分後にBさんが分速75mでAさんを追いかけます。Bさんは出発してから何分後にAさんに追いつきますか。

(2) Aさんは分速100m，Bさんは分速90mで歩きます。2000m離《はな》れた甲乙《こうおつ》両地点から，Aさんは甲から乙に向かって出発し，その1分後にBさんは乙から甲に向かって出発すると，2人が出会うのはBさんが出発してから何分後ですか。

## A 旅人算

(1) 40分後　(2) 10分後

## Q 算数 求積の工夫《くふう》

次の図の斜線《しゃせん》部分の面積を求めなさい。※円周率は3.14とします。

(1)

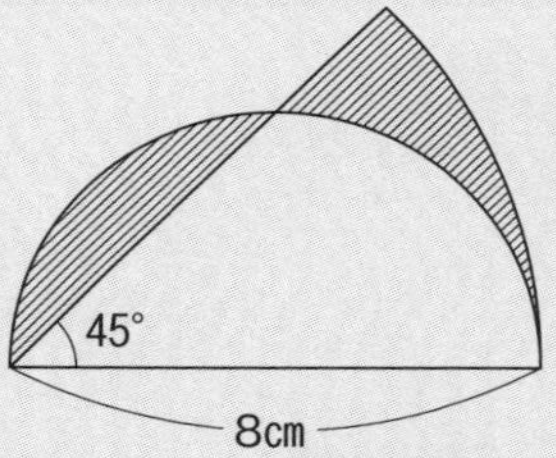


半円とおうぎ形

(2)

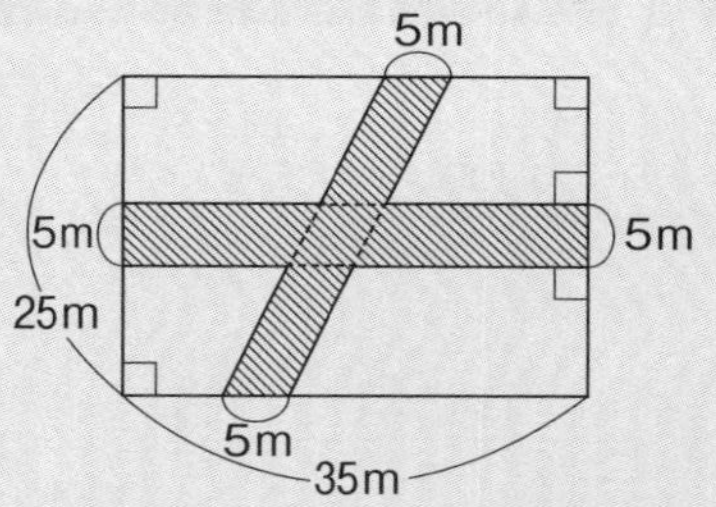


## A 求積の工夫《くふう》

(1) 9.12$cm^2$　(2) 275$m^2$

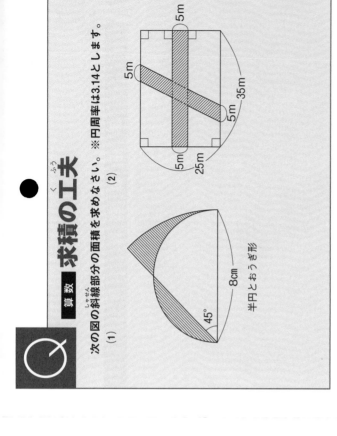

月　日　曜日

# 22日

今日の予定

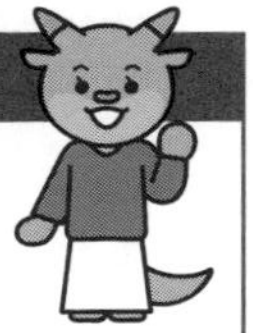

月　日　曜日

# 6日

今日の予定

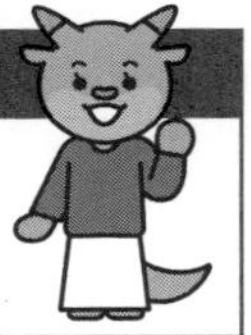

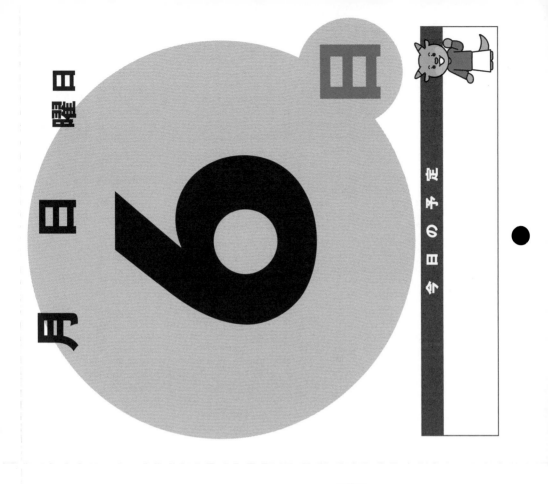

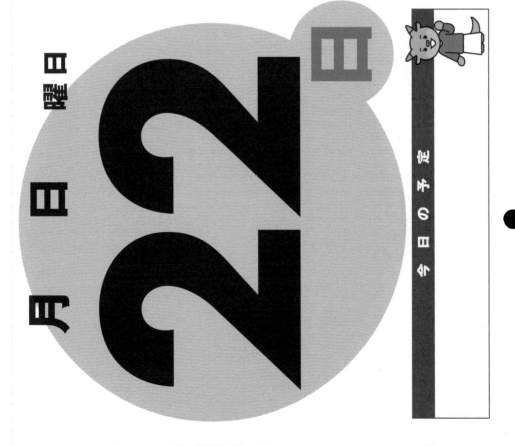

## Q 社会 世界恐慌《きょうこう》と第二次世界大戦

次の文中の ア ～ コ にあてはまることばをそれぞれ答えなさい。

(1) 1929年， ア がおこり，世界中が不景気となりました。ドイツでは イ が，イタリアではムッソリーニが政権《せいけん》をとって全体主義の傾《けい》向《こう》が強まりました。

(2) 1932年に海軍の青年将校《しょうこう》たちは首相官邸《しゅしょうかんてい》をおそって， ウ を暗殺しました。これを エ といいます。これによって1918年以後続けられてきた政党政治は終わりをつげました。また，1936年には陸軍の一部の部隊が首相や大臣をおそって，一時東京の中心部を占領《せんりょう》しました。これを オ といいます。この２度の事件によって，日本の政治は軍部ににぎられました。

(3) 1937年には， カ 郊外《こうがい》の盧溝橋《ろこうきょう》事件をきっかけに キ が始まりました。そして，その年の末， ク は日本軍によって占領されました。

(4) 1939年，ドイツが突然《とつぜん》 ケ に侵入《しんにゅう》したことから， コ が始まりました。

## A 世界恐慌《きょうこう》と第二次世界大戦

ア 世界恐慌《きょうこう》　イ ヒトラー　ウ 犬養毅《いぬかいつよし》　エ 五・一五事件
オ 二・二六事件　カ 北京《ペキン》　キ 日中戦争　ク 南京《ナンキン》
ケ ポーランド　コ 第二次世界大戦

## Q 社会 平城京《へいじょうきょう》と聖武天皇《しょうむてんのう》

次の文中の ア ～ ケ にあてはまることばをそれぞれ答えなさい。

(1) 元明天皇《げんめいてんのう》は，710年に唐《とう》の ア を手本とする壮大《そうだい》な都を完成させました。この都を イ といいます。この都の道路は碁盤目《ごばんめ》状に区画されていました。中央を南北にはしる朱雀大路《すざくおおじ》によって東側の左京《さきょう》，西側の右京《うきょう》に分けられていました。

(2) 聖武《しょうむ》天皇は，国ごとに ウ を建て，また，都には エ を建てて仏教を広めようとしました。 エ には大仏が建立《こんりゅう》され，陸奥《むつ》の国の砂金《さきん》で金メッキがほどこされました。大仏に金を塗《ぬ》るために大量の オ が必要で， オ 中毒になる者が出たと考えられています。東大寺の境内《けいだい》にある カ は，三角形の角材を組み合わせた キ という造《つくり》になっており，聖武天皇の遺品《いひん》などがおさめられています。

(3) 僧《そう》の ク は，各地をまわって橋をかけ，池をつくって人々《ひとびと》のためにつくし，東大寺の大仏建立にも協力しました。また，聖武天皇の ケ 皇后《こうごう》も病人や貧しい人々のためにつくしました。

## A 平城京《へいじょうきょう》と聖武天皇《しょうむてんのう》

ア 長安《ちょうあん》　イ 平城京《へいじょうきょう》　ウ 国分寺　エ 東大寺　オ 水銀
カ 正倉院　キ 校倉造《あぜくらづくり》　ク 行基《ぎょうき》　ケ 光明《こうみょう》（皇后）

月　日　曜日

# 21日

今日の予定

月　日　曜日

# 5日

今日の予定

## Q 理科 地層の成因

次の ア ～ エ にあてはまることばをそれぞれ答えなさい。

(1) 地層は主に，川の流れによって運ばれた土砂や，火山活動によって噴き出した火山灰などが ア してできる。

(2) 地層は，外からの要因によってさまざまに変化する。圧力を受けて曲がってしまった地層を イ といい，急激に引っ張られたり，押されたりすることで，切れてずれてしまった地層を ウ という。

(3) また， エ は，地層が一度地上でしん食された後，ふたたび水中で地層がたい積してできる。

## A 地層の成因

ア たい積　イ しゅう曲　ウ 断層　エ 不整合

## Q 理科 月の動きと原理

次の(1)～(7)にあてはまる月を下の㋐～㋔から選びなさい。

(1) 夕方，東の空からのぼってくる。
(2) 夕方，南西の空に見える。
(3) 明け方，東の空からのぼってくる。
(4) 真夜中，西の空にしずむ。
(5) 正午ごろ，西の空にしずむ。
(6) 日食がおこるときの月。
(7) 月食がおこるときの月。

㋐ 新月　㋑ 満月　㋒ 上弦の月　㋓ 下弦の月
㋔ 三日月

## A 月の動きと原理

(1) ㋑　(2) ㋔　(3) ㋐　(4) ㋒　(5) ㋓　(6) ㋐
(7) ㋑

月　日　曜日

# 20

日

今日の予定

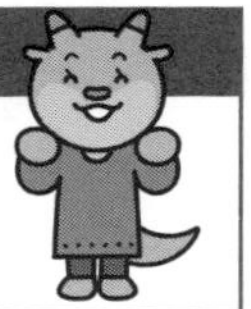

月　日　曜日

# 4

日

今日の予定

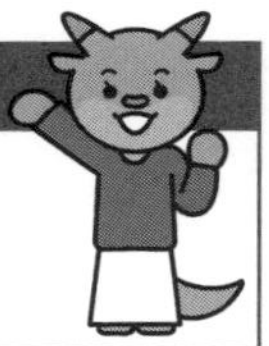

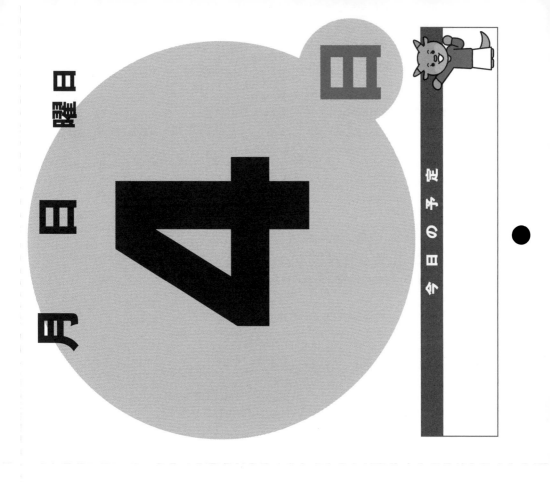

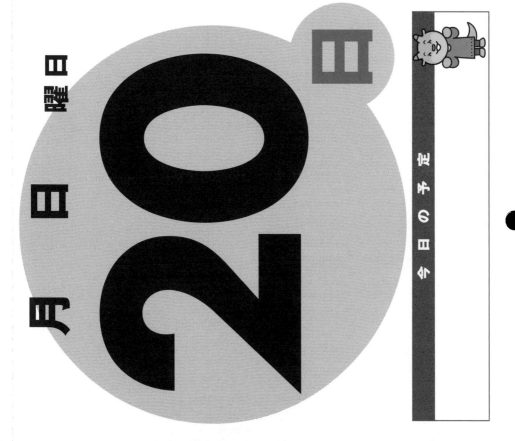

## Q 国語 慣用句

次の①～③の（　）にあてはまる適当な言葉をあとからそれぞれ一つずつ選んで、記号で答えなさい。

① うまくいっているのに（　）ようだが、こんな欠点もありはしないか。

ア 水に流す　イ 水ももらさぬ
ウ 水をあける　エ 水を差す

② 同じ失敗を経験しているだけに（　）話だ。

ア 身に余る　イ 身につまされる
ウ 身をけずる　エ 身を入れる

③ 演技のあまりのすばらしさに、いっしゅん（　）。

ア 息をころした　イ 息をついた
ウ 息をつめた　エ 息をのんだ

## A 慣用句

① エ　② イ　③ エ

## Q 国語 四字熟語

右の意味に合うように□にあてはまる漢字を入れて、四字熟語を完成させなさい。

(1) 心が公平で正しいこと。
□明正□

(2) ひどく苦しむこと。
□苦□苦

(3) 簡単に人の意見に乗ること。
□和雷□

(4) みんなが同じことを言うこと。
異□同□

(5) すぐに本題に入ること。
□刀□入

## A 四字熟語

(1) 公・大　(2) 四・八　(3) 付・同　(4) 口・音
(5) 単・直

月　日　曜日

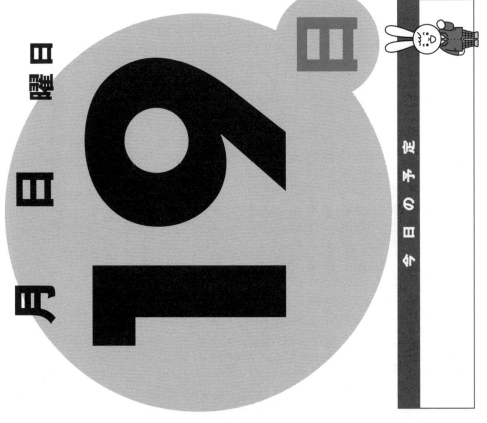

# 19

日

今日の予定

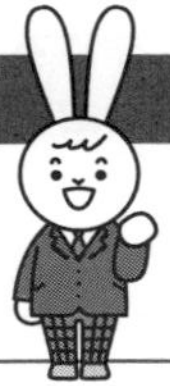

月　日　曜日

# 3

日

今日の予定

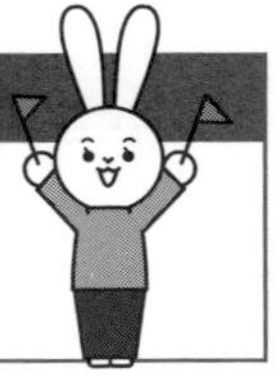

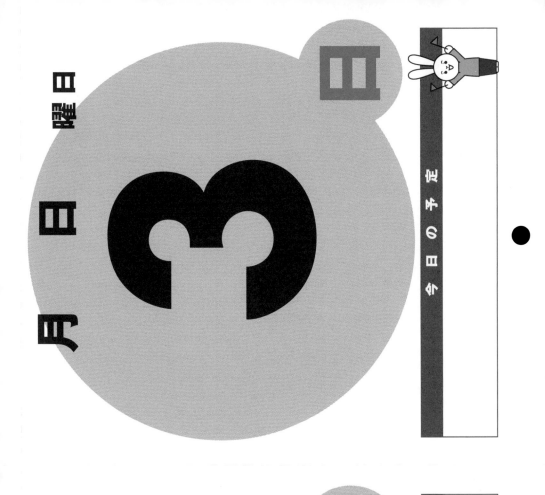

## Q 理科 水溶液の性質

次の［ア］～［ケ］にあてはまることばをそれぞれ答えなさい。

(1) 塩酸，酢酸水溶液，炭酸水，ほう酸水は，［ア］性の水溶液である。

(2) 食塩水，アルコール水，さとう水は，［イ］性の水溶液である。

(3) 水酸化ナトリウム水溶液，石灰水，アンモニア水は，［ウ］性の水溶液である。

(4) 塩酸は，水に［エ］という物質がとけた水溶液である。

(5) 石灰水は，水に［オ］という物質がとけた水溶液である。

(6) 赤色リトマス紙の色を青く変え，青色リトマス紙の色を変えないのは［カ］性の水溶液である。

(7) ＢＴＢ液を水溶液に加えたとき，水溶液が，酸性のときは［キ］色，中性のときは［ク］色，アルカリ性のときは［ケ］色に変化する。

## A 水溶液の性質

ア　酸　　イ　中　　ウ　アルカリ　　エ　塩化水素

オ　消石灰（水酸化カルシウム）　　カ　アルカリ

キ　黄　　ク　緑　　ケ　青

## Q 理科 配線と豆電球の明るさ

次の［ア］～［タ］にあてはまることばをそれぞれ答えなさい。

(1) 乾電池を２個，３個，…と直列に増やすと，豆電球を流れる電流の強さは［ア］ので，豆電球の明るさは［イ］なる。また，乾電池から流れ出る電流の強さは［ウ］ので，電池の持ちは［エ］なる。

(2) 乾電池を２個，３個，…と並列に増やしても，豆電球を流れる電流の強さは［オ］ので，豆電球の明るさは［カ］なる。また，乾電池から流れ出る電流の強さは［キ］ので，電池の持ちは［ク］なる。

(3) 豆電球を２個，３個，…と直列に増やすと，豆電球を流れる電流の強さは［ケ］ので，豆電球の明るさは［コ］なる。また，乾電池から流れ出る電流の強さは［サ］ので，電池の持ちは［シ］なる。

(4) 豆電球を２個，３個，…と並列に増やすと，１つの豆電球に流れる電流の強さは［ス］ので，豆電球の明るさは［セ］なる。また，乾電池から流れ出る電流の強さは［ソ］ので，電池の持ちは［タ］なる。

## A 配線と豆電球の明るさ

ア　強くなる　　イ　明るく　　ウ　強くなる　　エ　短く

オ　変わらない　　カ　同じに　　キ　弱くなる　　ク　長く

ケ　弱くなる　　コ　暗く　　サ　弱くなる　　シ　長く

ス　変わらない　　セ　同じに　　ソ　強くなる　　タ　短く

月　日　曜日

18

日

今日の予定

月　日　曜日

2

日

今日の予定

## Q 社会 民主政治

次の文中の［ア］～［エ］にあてはまることばや数字をそれぞれ答えなさい。

(1) 大正時代には納税額《のうぜいがく》の制限がない選挙権を獲得《かくとく》することを目的とした［ア］運動がさかんになりました。そして，1925（大正14）年には，［ア］法が制定されて，［イ］に選挙権が認《みと》められ，全人口にしめる有権者の割合《わりあい》は，1919年とくらべて約4倍に増えました。

(2) 1945年に選挙法が改正され，［ウ］にも選挙権が認められ，また，選挙権年齢《ねんれい》も20歳以上に引き下げられました。そのため，1925年のときと比較《ひかく》して，全人口にしめる有権者の割合は約2.5倍に増えました。

(3) 2015年に選挙法が改正され，選挙権は［エ］歳以上に引き下げられました。

## A 民主政治

ア　普通選挙　　イ　25歳以上のすべての男子

ウ　婦人（女性）　　エ　18（歳）

## Q 社会 日本国憲法《けんぽう》の三原則

次の文中の［ア］～［エ］にあてはまることばや数字をそれぞれ答えなさい。

(1) 平和主義は，日本国憲法《けんぽう》の三原則のひとつで，前文と第［ア］条でのべられています。

(2) 日本国憲法は，「…国権の発動たる［イ］と，武力による威嚇《いかく》又は武力の行使《こうし》は，国際紛争《ふんそう》を解決する手段《しゅだん》としては，永久にこれを放棄《ほうき》する。」そして，その目的を達成するために，「陸海空軍その他の［ウ］は，これを保持しない。国の［エ］は，これを認《みと》めない。」と定めています。

## A 日本国憲法《けんぽう》の三原則

ア　9（条）　　イ　戦争　　ウ　戦力　　エ　交戦権

月　日　曜日

17

日

今日の予定

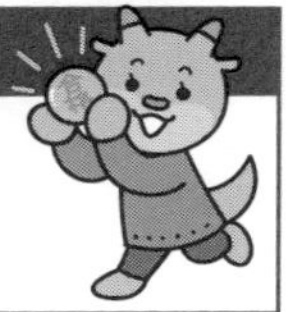

月　日　曜日

1

日

今日の予定

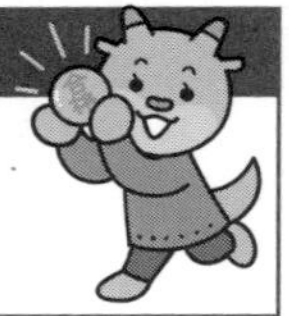

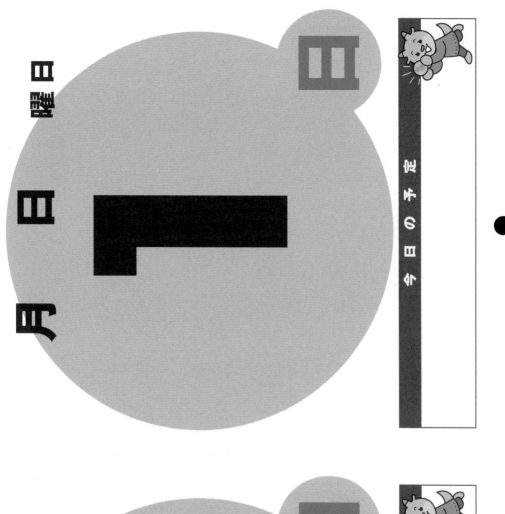

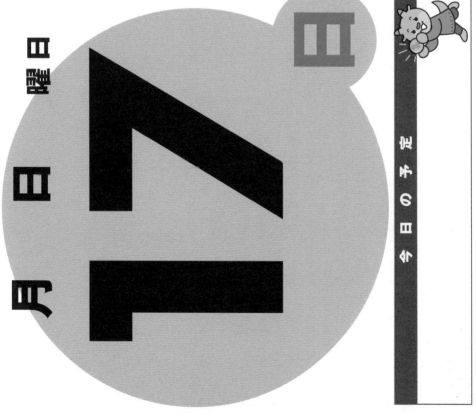

## Q 算数 平均算

次の問いに答えなさい。

(1) ある40人のクラスで国語のテストをしました。男子18人の平均点は78点で，クラス全体の平均点は79.1点でした。このとき，女子の平均点は何点でしたか。

(2) Ａさんは今までに算数のテストを８回受け，平均点は74点でした。９回目のテストで92点をとったとすると，Ａさんの算数のテストの平均点は何点になりますか。

(3) Ｂさんは今までに社会のテストを何回か受け，平均点は80点でした。今回のテストで96点をとったので，平均点は82点になりました。今回のテストは何回目のテストですか。

(4) 11，12，13のように，連続する３つの整数があります。この３つの整数の合計が84のとき，最も小さい整数はいくつですか。

## A 平均算

(1) 80点　(2) 76点　(3) ８回目　(4) 27

## Q 算数 立方体の展開図

４つの面に，ご，う，か，くと書き入れてある立方体があります。下の見取り図は，この立方体を３つの方向から見たものです。また，展開図は，この立方体の展開図で，４文字のうち，２文字までが正しく書かれています。展開図に残りの２文字を向きも考えて書き込みなさい。

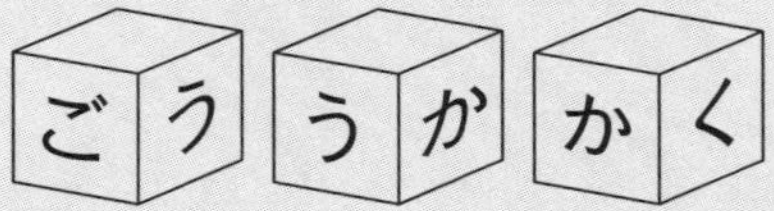


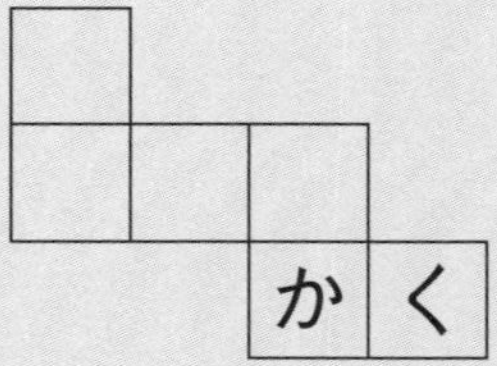


## A 立方体の展開図

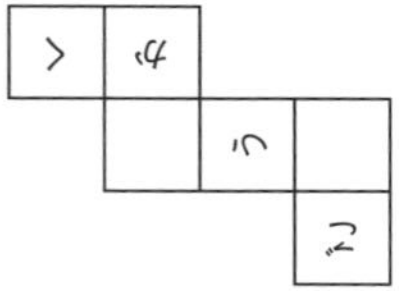

## 元気に毎日を送っているかな？

入試当日まで、残り約2週間になりました。
風邪をひいたり、けがなどをしていませんか。
入試当日まで、まだ時間はあります！
志望校に合格するための学力も、
これから伸びる可能性が残っています。
最後まで気を抜かずに、元気に入試へ臨みましょう。

月　　日　　曜日

# 入試当日

## ここまでとてもよくがんばったね。いざ、出発だ！

いよいよ入試の日がやってきました。いまの気持ちはどんなふうかな？
ドキドキしてる？　ワクワクしてる？　緊張してるかな？
今日は、いままでのがんばりを思い出して、
「この学校に入りたい」という気持ちを答案用紙に思いっきりぶつけてくる日です。
大胆に、でも慎重に、入試を乗り越えよう！　私たちはあなたを応援しています。
『進学レーダー』編集部一同

進学レーダー 中学受験

2023年・入試直前特別号
中学受験　合格をつかみとる!

入試日まであと何日?

# 「入試日逆日めくりカレンダー」の使い方

**入試当日までのカウントダウンができるカレンダーです。**
**これをスケジュール管理やモチベーションの維持にうまく使って、元気に入試を乗り切ろう!**

**1** まずはとじこみをミシン目に沿って、本誌から切り離そう。

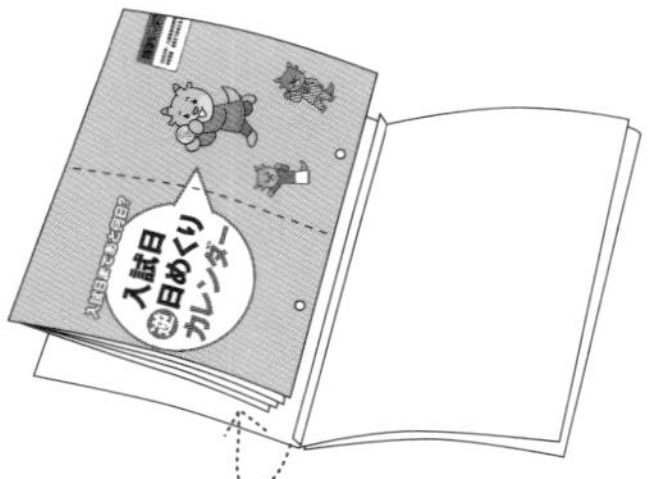
切り離し

**2** 真ん中のミシン目に沿って、半分に切り離そう。

入試日 逆日めくり カレンダー
切り離し

**3** 右側の冊子の一番最後の「入試当日」のページに第1志望校の入試日を書き込もう。そこから日付をさかのぼって、市販のカレンダーを見ながら、左の冊子の31日前まで記入していこう。毎日の予定も書き込めるよ。

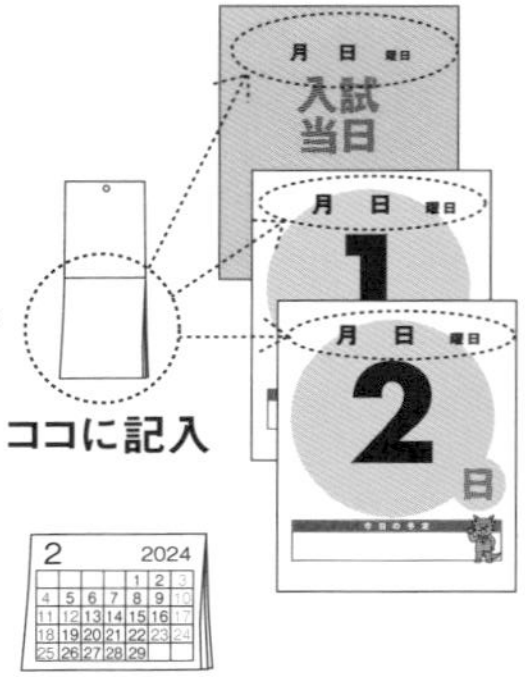
月 日 曜日
入試当日
1
2
ココに記入
2 2024

**4** 左側の冊子を上にして、2冊重ねて壁にかけよう。

画びょうでとめる
重ねる
入試まであと
16
日

**5** 31日前から、毎日ミシン目に沿って切り離して使おう。

入試まであと
ココから切り離す

**6** 裏には、入試前に確認しておきたいチェック問題を掲載(※)。毎日挑戦してみよう!

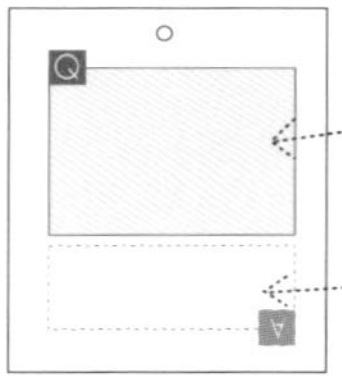
Q
A
問題
答え

※問題はここから抜粋しています。
『国語ベストチェック』
『算数ベストチェック』
『社会メモリーチェック』
『理科メモリーチェック』
入試まで使えるチェックシリーズ

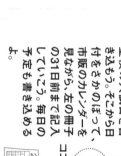

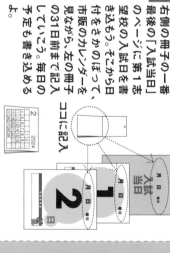

学習内容を細かく分けて、「要点のまとめ」と「ポイント・チェック問題」で構成。要点のまとめは、入試でよく出る重要なポイントをコンパクトにまとめています。さらに巻頭の「弱点診断テスト」を活用することで、どの分野が弱点なのかすぐにわかり、効率的な学習ができるので、入試直前まで繰り返し活用することができます。

発行／日能研　発売／みくに出版
定価／国語:1100円(税込)
算数・社会・理科:990円(税込)